italiana

ITALIANA
Narratori Giunti
Collana diretta da Benedetta Centovalli

Clara Sereni

Casalinghitudine

Casalinghitudine
di Clara Sereni
«Italiana» Giunti

http://narrativa.giunti.it

© 2015 Giunti Editore S.p.A.
Via Bolognese 165 – 50139 Firenze – Italia
Piazza Virgilio 4 – 20123 Milano – Italia
Prima edizione: novembre 2015

Ristampa	Anno
6 5 4 3 2 1 0	2019 2018 2017 2016 2015

Una gravidanza a rischio

I libri hanno un concepimento e una gravidanza. Comprese le nausee, i colpi di sonno, l'ansia per colui o colei che verrà al mondo. Comprese le incertezze per come il mondo accoglierà – o non accoglierà – la nuova creatura.

La gravidanza di *Casalinghitudine* fu, finché possibile, clandestina. Come per ogni figlia o figlio della colpa, prima di tutto feci in modo di non accorgermene io stessa, che stavo concependo qualcosa. Erano passati oltre dieci anni da quando aveva visto la luce il mio primo libro, *Sigma Epsilon*: un figlio nato settimino nel 1974, con molte pretese e troppi difetti, che ebbe vita breve e sfortunata. Ne portavo il lutto, insieme alla prima consapevolezza di non capire come funzionasse ciò che si definiva industria culturale. Un lutto sfumato negli anni, anche perché da un pezzo sono consapevole dei predetti pregi e difetti, però mai del tutto scomparso: perché l'essere nato anzitempo voleva dire anche anticipare la capacità e la voglia di narrare di sé che, di lì a pochissimo, avrebbe connotato molta letteratura femminile e femminista.

Ma non è perché ero in gramaglie che tanto tempo passò prima di ricominciare a scrivere. È che non ero granché abile alla vita, e in quella dozzina d'anni l'impegno a impararla fu assorbente e gravoso. Stavo costruendo una coppia, e poi un figlio vero e proprio, nato nel 1978. Non avevo del tutto abbandonato il lavoro sulla parola (facevo traduzioni, lavoravo in una casa editrice dove più che altro scrivevo le quarte di copertina), ma la capacità di costruire una mia idea era del tutto fuori dall'orizzonte. Peraltro, il mio figlio anagrafico non dormiva mai e mai ci faceva dormire, per cui la fissazione dominante era quella per il letto, non in senso erotico ma proprio come giaciglio.

La gravidanza era clandestina perché non ne avevo il coraggio. Sottrarre tempo ed energie a quel che mi era toccato in sorte: una colpa. Di quella creatura avviata al concepimento prima di me si rese conto Matteo, figlio in carne e ossa: mi ruppe gli occhiali e non fu un caso, dato che l'evento si ripeté poi, per molti anni, ogni volta che mi accingevo alla scrittura di un libro. Era gelosia, per quella parte di me che gli sottraevo (geloso era in realtà anche suo padre, che aveva però modi più scaltri per metterla in atto).

Cominciai dalle ricette, scrivendole ordinatamente a macchina su certi fogli di diversi colori che impilavo secondo logiche variabili in un certo quaderno giovanil-infantile, con un disegno sulla copertina e due molle per tenere insieme le pagine. E intanto mi rileggevo *Il libro di cucina di Alice B. Toklas* scoprendo che il ricordo che ne avevo era già un altro libro, un'altra cosa. E cominciai a scrivere il testo, ma sempre su quei fogli lì, mobili e dall'aspetto lieve. Trovavo un po' di tempo e di calma dopo i pasti di Matteo, che per un po' se ne stava quieto: il cibo lo distraeva da quel che gli mancava, e io potevo avere la sensazione che non tutti i miei gesti, le cure, l'essere sua madre fossero inutili.

Quando finalmente mi dissi che stavo scrivendo un libro ero in autobus, a Roma, appesa al mancorrente. Il percorso era esattamente intorno al Ministero dell'Istruzione, allora Pubblica. Mi spaventai da sola dell'azzardo. Per tenermi buona mi dissi che però stavolta non avevo tanta presunzione, sarei partita dal luogo meno letterario di ogni casa, la cucina… E per un po' funzionò, e andai avanti con il lavoro.

Quando poi mi venne in mente che dal cibo era partito anche Proust, e per quali lidi, le contrazioni fra pancia e stomaco furono quasi un aborto. Devastata dalla paura, con i sensi di colpa in grande spolvero, decisi di comunicare la cosa a Stefano, il mio compagno, che magari mi avrebbe rassicurato almeno un po'. Anche se qualche mio precedente abbozzo di scrittura aveva trovato in lui un giudice più che severo.

Grazie a una complicata organizzazione andammo a cena fuori, che era l'unico modo per riuscire a confrontarci, visto che in casa ogni attenzione era assorbita inevitabilmente da Matteo. Il ristorante era lo stesso in cui gli avevo annunciato la gravidanza fisica, quella con la pancia che cresce. Malgrado i buoni cibi, ora mi sentivo un macigno sullo stomaco.

Con il caffè davanti raccontai quello che avevo in mente, senza troppi rigiri: non sono mai stata granché capace di spiegare quel che vado scrivendo. Non stroncò. Soltanto, in armonia con quello che era il *suo* modo di lavorare, mi scodellò un elenco di libri da leggere, soprattutto saggi. Qualcosa doveva pur essere maturato fra noi: diversamente da quanto sarebbe accaduto in fasi precedenti del nostro rapporto, riuscii a dire che quello era il *mio* libro, probabilmente più di pancia che di testa, e dunque non immaginavo di far ricorso a indagini bibliografiche dalle quali mi sarei sentita sopraffatta (in realtà, in parte subito e soprattutto dopo, lessi quei testi e anche qualcuno di più, ma riuscendo a non sentirmene troppo condizionata).

Tolto il sasso dalla pancia, risistemati gli occhiali, la gestazione continuò, non senza spasmi e contrazioni: nei minimi spazi ritagliati dalle esigenze famigliari, dunque continuamente interrotti, con impegni e stanchezza costantemente in agguato. Però a un certo punto i fogli di quaderno divennero normali fogli A4, e quello era un libro. Il mio compagno lesse, fece pochissime notazioni (molto utili e fruttuose), non solo approvò ma si entusiasmò, dandomi una carica notevole.

Ora bisognava trovare un editore. Facemmo un po' di fotocopie per mandarle in giro: il mio compagno mi raccontò che la ragazza della copisteria mentre lavorava buttava un occhio qua e là, evidentemente molto incuriosita. Forse era un buon auspicio?

Interpellammo Goffredo Fofi, che in prima battuta intanto non stroncò il libro, cosa niente niente affatto scontata, e poi lo propose a una piccola casa editrice. La donna che la dirigeva mi telefonò con aria annoiata, dicendomi che sì, forse, magari sarebbe stato possibile, ma certo con l'aiuto quanto meno di un glossario, perché lei, per esempio, cosa fosse il cavolo verza non lo sapeva proprio.

Non era l'interlocutrice giusta. Fofi continuò a tentare. Passò un po' di tempo, pur fra i mille impegni e impicci ogni tanto ci pensavo, e non ero ottimista. Mi sembrava non lo fosse neanche lui: era già molto che continuasse a provarci, ma quando gli chiedevo scrollava il capo, diceva di averlo dato a Tizio e Caio (nomi a me assolutamente ignoti), senza però che si pronunciasse sugli esiti. Quando disse che stava provando con qualcuno della Einaudi lo presi per uno scherzo: quella era la Einaudi dei tempi migliori, per me un mito assoluto e troppo al di sopra delle mie speranze.

Un'estate molto piovosa. Il mio compagno aveva un impegno realmente fondamentale per la sua carriera, dunque la gran parte delle incombenze riguardanti Matteo spettava a me. La mattina era Stefano ad accompagnarlo al campo estivo di villa Pamphili, io poi sarei andata a riprenderlo nel pomeriggio. In teoria: perché non c'erano spazi coperti, dunque ad ogni acquazzone bisognava accorrere, qualunque ora fosse. Accorrevo, e poi mi inventavo modi per far trascorrere le ore, tante fino alla sera. Ore spesso drammatiche, con Matteo che cominciava ad attraversare la sua fase più buia.

In uno di quei pomeriggi disperanti, mentre cambiavo Matteo inzuppato sperando che mi lasciasse fare altrettanto con quel che avevo indosso, il telefonò squillò. Incastrai il ricevitore fra il collo e la spalla, e intanto infilavo a Matteo i pantaloni. «Pronto, sono Ernesto Ferrero della Einaudi.

Posso parlare con Clara Sereni?» Capii che erano interessati al libro, mi ricordo che il cuore mi andava a mille e nient'altro. Sicuramente, finii di rivestire Matteo con maggiore buona grazia.

E con un vino qualsiasi, l'unico che avevamo in casa, il mio compagno e io facemmo un brindisi, una volta che Matteo si fu addormentato. Ma riuscimmo sì e no a dirci quattro parole, prima che si svegliasse di nuovo. Rimase fra noi un interrogativo: dopo tanti anni difficili, di battaglie ad ogni livello che ci avevano visti uniti, saremmo riusciti, ora, a reggere il successo, il suo e il mio?

La notte fu uguale a tante prima e tante dopo, per anni.

Avevo una revisione da fare, ma dalla Einaudi furono d'accordo per la consegna a fine settembre. L'estate continuò, durissima, prima a Roma e poi nella casa di campagna (una campagna disperata, senza vie di scampo seppure a soli 80 chilometri da Roma) dei miei suoceri. Stefano restò a Roma, lui doveva consegnare entro agosto. Feci in modo che rinviare l'ultima stesura sembrasse non pesarmi. Mi sentii molto molto sola.

Con la revisione non ebbi problemi particolari: Stefano ora era piuttosto libero, riuscii addirittura a lavorare con continuità. Nella casa comoda e non abitata di un amico, senza Matteo a picchiare sulla porta in continuazione.

Per Einaudi, chi seguiva le sorti del libro era Natalia Ginzburg, che ai miei occhi risiedeva stabilmente nell'Olimpo degli scrittori. Ne ero molto intimorita, la prima volta che andai a casa sua. Conoscendola da vicino, però, mi apparve meno spaventevole, tanto che a un certo punto mi azzardai a invitarla a cena: Matteo in quelle ore dormì, e Natalia sembrò non fare caso al divano brutto e con gli strappi sui braccioli, che non avevamo i soldi per cambiare. Cucinare, quello sapevo farlo: Natalia gradì.

L'unico problema venne fuori con il titolo: a Natalia *Casalinghitudine* proprio non piaceva. Disposta a qualsiasi cosa, cominciai a lambiccarmi il cervello, e infatti tutto quel che veniva fuori era cervellotico. Quando andai da Natalia per comunicarle le mie proposte lei tagliò corto, dicendo che suo figlio (Carlo, credo) le aveva detto che non capiva niente, e che quello era un titolo che andava bene. Un sospiro di sollievo, per quella parola poi entrata nei dizionari della lingua italiana.

Aspettavo le bozze, con l'emozione che si può immaginare: mi sembrava che potessero ripensarci, mi serviva di toccare con mano il libro. Nel lungo tempo dell'attesa, una volta dubitai con il mio compagno: «E se magari mettono le ricette in un carattere diverso dal testo…?». «Ma figurati» disse lui «stiamo parlando della Einaudi!»

Finalmente le bozze arrivarono, e le ricette erano in caratteri diversi. Così era tutto più chiaro, mi dicevano, e ci volle non poco per convincerli che facevano parte del testo anche loro. Non dissi allora, ma lo penso da molto tempo, che il cibo è un linguaggio che tutte e tutti usiamo (chi non ha mai dato una caramella a un bambino o un cioccolatino a una vecchia signora? Linguaggio per farsi accettare, per farsi voler bene… Ma anche lingua della malavoglia e dell'allontanamento, quando la pasta è scotta e la carne insipida). Un linguaggio extra-verbale – come l'abbigliamento, il maquillage, l'arredamento – che le donne, talvolta escluse dalla parola maschile, usano con particolare sapienza.

Finalmente il libro uscì, con una tiratura giustamente limitata: era un libro strano, anch'io mi chiedevo che destino avrebbe avuto.

Il destino lo decisero le donne: la prima ristampa arrivò in breve tempo, perché le donne se lo regalavano fra loro, so di tante cene in cui invece di fiori o dolci alla padrona di casa portavano in dono *Casalinghitudine*. Donne di generazioni diverse, e anche un po' di uomini, qualcuno dei quali però, incontrandomi, mi diceva: «Ovviamente le ricette non le ho lette», e io ci pensavo. Ora che questo libro è diventato un piccolo classico, magari le ricette le leggeranno anche i maschi. O no?

La prima presentazione del libro fu ad Arezzo, in biblioteca. E dopo le donne avevano preparato una cena, con le mie ricette. E già quei cibi non erano più strettamente miei, dovetti prenderne atto con qualche stupore e dolenzia: perché gli ingredienti cambiano a seconda di dove sei, perché cambia l'acqua, cambia l'olio, e la cucina comunque non è una scienza esatta, ciascuno la interpreta come vuole e come può. Forse la cosa più importante del cibo è la cura, l'affetto che ci si mette dentro: prima di tutto per sé, e possibilmente anche per altre e altri.

In tante e tante, negli anni, mi hanno detto di avere il libro in un posto a mezza strada fra soggiorno e cucina, adornato da qualche ditata unta o da schizzi di pomodoro. Ecco, questo è il suo destino che mi piace di più: un piccolo manuale di cucina da fare proprio, anche, forse, con qualche suggerimento per cominciare a vivere. Con pagine e copertina manomesse, impiastricciate, perché vivere, comunque, è un gran pasticcio. E – come per un soufflé – non bastano tutti gli ingredienti giusti, magari lo metti in forno e ti si affloscia: certamente meno bello a vedersi, ma comunque commestibile.

Da quando *Casalinghitudine* è uscito per la prima volta, di libri di cucina che non sono solo libri di ricette ne sono usciti un bel po': scritti soprattutto da donne, dunque attente al quotidiano e al nutrire, mentre i maschi si spericolano spesso in cibi raffinati quanto astrusi. Per molti di loro, nei libri e nella vita, il cibo resta, a mio parere, una piccola o grande questione di potere: potere di cui fruiscono senza dubbio e a tutto campo anche le donne, ma "facendosene accorgere" di meno. E dunque *Casalinghitudine*, che certamente mi è nata femmina, parla di piccoli gesti per sopravvivere, non per esercitare soprusi.

Mi resta una sorta di confessione. Sono certa che questo libro debba moltissimo ai movimenti delle donne degli anni

Sessanta e Settanta. Non ho mai professato il femminismo attivo (mi limitavo a leggere, qualche volta mettevo il naso qui e là), ma è come se avessi acchiappato qualcosa nell'aria, pronto da raccogliere. Il termine che uso per definire le mie sensazioni è "plagio": non un atto di umiltà, perché per cogliere lo spirito del tempo un po' di talento serve, solo per riconoscere che, se tante si sono riconosciute in queste pagine, è perché io mi riconosco in tante di loro, e sono debitrice. Del resto: soprattutto fino a qualche tempo fa, i libri di cucina erano scritti prevalentemente da maschi, da Apicio a Artusi a Carnacina ai manuali di cucina ebraica, per i quali occorre una buona conoscenza delle norme di comportamento fisico e spirituale, perché anche il cibo è una preghiera. Però sono le donne, quelle che nutrono. Perciò nei quaderni, nelle raccolte di fogli sparsi, negli appunti che le donne prendono e che talvolta diventano pubblici c'è sempre qualche indicazione che mette sulla buona strada: la "torta di zia Rosina", lo "sformato di Giovanna….". Un modo per riconoscere e riconoscersi, attente come siamo a non sprecare, a non tagliar via del tutto, mai, le nostre radici. Soprattutto quelle che traggono dalle donne alimento e saperi.

Perugia, settembre 2015

Casalinghitudine

Per un bambino

FARINE BRUSCATE

farine integrali di almeno 3 cereali diversi

Metto le farine in una padella fino a riempirla a metà; su fuoco medio la faccio rosolare, mescolandola con un cucchiaio di legno finché non si scurisca senza bruciarsi. Quando è pronta, in casa aleggia un odore di noccioline tostate. La conservo in barattoli di vetro per non più di una settimana, usandola per le diverse preparazioni.

PAPPA AL LATTE E FORMAGGIO

Sciolgo le farine in poco latte, faccio rapidamente intiepidire sul fornello, aggiungo parmigiano grattugiato in abbondanza.

PAPPA ALLA FRUTTA

200 grammi di carote
200 grammi di frutta di stagione ben matura

La frutta deve essere sbucciata, nelle bucce ci sono ormai più anticrittogamici che vitamine; la centrifugo insieme alle carote raschiate e lavate. Con il liquido ottenuto sciolgo le farine. Per tenerezza, aggiungo talvolta un po' di miele.

PAPPA ALLA VERDURA

200 grammi di carote
200 grammi di verdura di stagione cruda
1 cucchiaino di parmigiano

Della verdura scelgo le parti più verdi, non importa se dure: attenzione agli spinaci perché sono molto amari, le foglie di cavolo macchiano duramente di verde perfino il vetro. Sciolgo le farine con il liquido, intiepidisco rapidamente e condisco con il parmigiano, al più un goccio d'olio d'oliva.

PAPPA ALLA CARNE

30 grammi di pannicolo di cavallo tritato
1 cucchiaino di parmigiano

Faccio cuocere la carne a bagnomaria per mezz'ora, la strizzo, uso per il bambino soltanto il succo (la carne potrà essere utilizzata, ad esempio, per polpette). Sciolgo nel succo le farine, stiepidisco, condisco con il parmigiano.

Tommaso piangeva sempre. La sua cartella clinica recita: "pianto lamentoso". Uscito dall'ospedale piangeva, le amiche esperte mi dicevano: «Vedrai, sono i primi quaranta giorni, fanno tutti così poi si regolarizzano». Passarono i quaranta giorni, le amiche esperte dicevano: «Vedrai, con le prime pappe…».

Non avevamo soldi, al neonato giungevano in dono abitini deliziosi ma i più accorti portavano, senza ostentazione, una scatola o due di latte in polvere, ricominciai a lavorare disperata, scontenta anche delle cose che mi davano piacere. Le amiche in cerca di prima occupazione mi dicevano: «Ti farà bene, altrimenti ti attacchi troppo». Massimo faceva la mamma e non era una scelta, tornavo dal giornale carica di ansie e di pannolini.

Vennero le prime pappe – omogeneizzati, brodo vegetale, pastina glutinata – e Tommaso piangeva sempre: i grandi biberon di camomilla e di tiglio lo consolavano per qualche minuto, poi ricominciava a piangere e non dormiva. Si placava quando faceva il bagno (quanti traffici di stufe e asciugamani caldi, il gomito per saggiare l'acqua quando si ruppe il termometro), poi appena fuori di nuovo a piangere.

Il pediatra di scuola cattolica parlava di coliche, ci accusava di farlo mangiare troppo, l'ansia ingorda di Tommaso come un vizio da estirpare al più presto con dieta ferrea, senza indulgere a compassioni inutili e gravide di rischi per il futuro. Durante tutta la visita Tommaso urlava e si divincolava – il pediatra copriva il pianto con le diagnosi –, quando lo rivestivo era chiazzato di rosso fino all'ombelico, io sudata e sfinita.

Le amiche esperte cominciarono a suggerire gli antistaminici, altri consigliavano di lasciarlo piangere "perché non si viziasse". Tutti ci parlavano dei capricci, i bambini come mostriciattoli sempre all'erta a spiare come possono fregarci: cominciammo a sentirci isolati, facevamo i turni per stare svegli con Tommaso e quasi ci vergognavamo a dirlo, l'accusa di iperprotettività non aiutava le nostre notti invase dal caffè e da quel pianto disperato.

A quattro mesi Tommaso aveva tanti ricci, un capello bianco, gli occhi azzurrissimi sempre gonfi, un'aria furibonda, e non dormiva quasi più: sempre al massimo una mezz'ora, dopo infinità di ninnature affaticate e ansiose. Il dissenso attorno a noi cresceva.

Una parte della mia attitudine a sopravvivere dipende dal fatto di disporre di alcuni numi tutelari: due o tre, ciascuno con una sua sfera di intervento, non emettono giudizi, nei momenti cruciali offrono attenzione e operatività. Posso fidarmene, posso perfino seguirne i consigli. Elevo periodici, mentali rendimenti di grazie al Nume che mi propose una visita dall'omeopata, qualcosa che fino a quel momento aveva esulato dalla mia esperienza.

Affrontammo la visita con una certa rassegnazione, ormai ne avevamo sentiti tanti e Tommaso piangeva disperato a ogni camice bianco.

L'omeopata aveva scarpe da casa e giacca di velluto; giocò con Tommaso, lo fece ridere, lo stiracchiò e palpò senza che il bimbo protestasse; sentenziò che era affamato, la fame gli mordeva la pancia e il cuore.

Uscimmo dallo studio perplessi, con una prescrizione che parlava di farine integrali bruscate, centrifugati di frutta e verdura in dosi enormi, carne di cavallo: se non fossimo stati tanto disperati forse non avremmo tentato.

Nel giro di tre o quattro giorni Tommaso cominciò a placarsi: non c'era più bisogno di manovre acrobatiche fra biberon e ciuccio per impedire che si strangolasse con il latte, dormiva perfino un po' più a lungo. Una parte del suo vuoto era colmata.

Ma non smise di piangere di notte, con quel suo pianto accorato e terribile di bambino che ha perso qualcosa.

Stuzzichini

TARTINE ALLA RUGHETTA

100 grammi di ricotta
1 mazzetto di rughetta
2 cucchiai di olio
un pizzico di sale
pane integrale

Trito grossolanamente la rughetta e mescolo con gli altri ingredienti. Lascio riposare per almeno dodici ore, poi spalmo con abbondanza su fettine di pane integrale.

SANDWICH ALL'ACCIUGA

panini piccoli al latte
fior di latte
burro
pasta d'acciughe

Taglio a metà i panini, togliendo dalle due calottine una parte della mollica, quindi spalmo di burro ambedue i lati interni. Dispongo poi nell'incavo fettine di fior di latte e circa un centimetro di pasta d'acciughe.
Subito prima di portare in tavola, passo in forno caldo per pochi minuti. Quando ho tempo e voglia, fermo con uno stuzzicadenti le due metà del panino per evitare che, con il calore, si sformi o si scoperchi.

TARTINE AL SALAME

salame ungherese
olive verdi saporite
burro
dadini di pane in cassetta

Trito sottilmente sul tagliere una parte del salame e lo unisco a un pari volume di burro, mescolando a lungo con il
cucchiaio di legno, perché il composto deve essere morbido
e spumoso.
Lo stendo poi sul pane in strato sottile, sovrapponendovi
una fettina di salame e mezza oliva snocciolata.

PANE E MORTADELLA

stracchino
mortadella
panini all'olio

Apro i panini e stendo su ambedue i lati uno strato gene-
roso di stracchino. Inserisco poi una fettina di mortadella,
sottilissima.

CROSTINI SAPORITI

2 sfilatini raffermi
50 grammi di burro
un buon cucchiaio di farina
mezzo bicchiere di brodo
1 tubetto di pasta d'acciughe
2 cucchiai di capperi sotto sale
2 cucchiai di prezzemolo tritato

Sciolgo in un tegamino il burro, aggiungo la farina che faccio cuocere per un minuto o due mescolando bene, poi aggiungo il brodo, e senza mai smettere di mescolare faccio addensare la salsa, che naturalmente deve essere liscia e senza grumi. Aggiungo poi la pasta d'acciughe, i capperi lavati e tritati, il prezzemolo, eventualmente (ma direi quasi mai) un po' di sale. Il composto va spalmato su crostini di pane raffermo tagliato a fettine e passato in forno non troppo caldo, con qualche fiocchetto di burro qua e là.

Nonna Alfonsa – non era mai stata popolana o donna di campagna, nemmeno alla lontana, né mai aveva visitato un paese se non per cercarvi una balia – vestiva di nero come una contadina: abiti informi a più strati, lunghi quasi fino a terra. I piedi li aveva grandi, portava calzini e scarpe da uomo – nere, con i lacci – identiche a quelle di mio padre. Era la sorella brutta di due sorelle bellissime (zia Elena e zia Ermelinda), e faceva di tutto per apparire più goffa, più sgraziata, più inelegante. Da vecchia somigliava a Golda Meir; da giovane era stata graziosa, ma le due o tre foto che la ritraevano ragazza non erano negli album: nessuno le guardava mai, né lei sembrava aver voglia di ricordarsene.

Zia Ermelinda era stata a corte, zia Elena aveva esibito in società vestiti e gioielli magnifici. Nonna Alfonsa aveva usato la sua esistenza per essere coraggiosa, per affrontare le scelte dei suoi figli, per accettarne la morte.

Non doveva essersi lamentata molto, in vita sua: tutto quel dolore si era come rappreso nei suoi lineamenti e nei suoi gesti, che ne risultavano irrigiditi, induriti. A me faceva paura, con lei non c'era scusa che tenesse.

La vedevo solo a periodi, viveva in Israele che allora chiamavamo Palestina. Il peggior castigo di cui mio padre potesse minacciarmi era: «lo scriverò a mammà». Per questo, probabilmente, ho un ricordo così cupo di una persona che tutti hanno adorato senza riserve.

In Israele nonna Alfonsa allevava polli e continuava a dar prova di coraggio ed energia: gli anni le avevano curvato il naso, disegnandole un profilo da vignetta antisemita. In Italia, quando veniva da noi – in genere per qualche emergenza – mandava avanti con efficienza il nostro complicato ménage, tagliando via senza esitare ogni superfluo, in sorda opposizione con la frivolezza programmata di zia Ermelinda. Era inteso fra loro che io non dovessi risentirne, ma intanto mi faceva trangugiare medicine senza pregarmi troppo, badava che i miei grembiuli a quadretti bianchi e rossi fossero puliti e in ordine: però il bottone attaccato da lei era regolarmente scompagnato, cucito in modo sbrigativo e incurante di ogni estetica.

La regola aurea, in cucina, era molto semplice: "quel che viene in tavola si mangia". Sempre più realista del re, mio padre la traduceva: "o mangiar questa minestra o saltar quella finestra". Tendenzialmente inappetente, mi sedevo a tavola senza alcuna gioia (a ogni esitazione, quando rimuginavo il boccone senza decidermi a inghiottirlo, mio padre attaccava con *Mamma, ci hanno gli occhi i frescarelli?*, una storia tipo *Pierino porcospino*, condita per sovrappiù di topi nella minestra). Per fortuna il cibo si limitava generalmente a essere monotono e senza voli di fantasia; neanche la cucina kosher trovava grande spazio fra i suoi piatti, improntati soprattutto a criteri nutritivi e di grande economicità. Che ricordi, solo una volta si azzardò a una carne in agrodolce: la rivolta della famiglia fu però singolarmente compatta, e così – dopo averne mangiato lei stessa, e da sola, per più pasti – dovette alla fine acconsentire a disfarsene.

La fame della guerra era ancora vicina, non si buttava via niente; che dipendesse dalla sua famiglia di provenienza (quattordici fra fratelli e sorelle) o da un ceppo ebraico atavicamente risparmiatore, nonna Alfonsa era in grado di riciclare tutto: gli avanzi di bollito nelle polpette, i pezzetti di baccalà nelle frittelle.

I crostini di pane raffermo (senza burro perché avevo l'acetone), conservati in una grande scatola di latta rossa, erano una merenda molto apprezzata, in un'infanzia anni Cinquanta da cui i biscotti erano ancora lontani. Quando ho cominciato a farli in casa mia, i crostini, per un certo tempo ho usato il pane fresco: bisogna pur sprecare qualcosa, per recidere un cordone ombelicale.

TARTINE AL BASILICO

50 grammi di ricotta
2 cucchiai di basilico
1 cucchiaio di olio
sale
pane alle olive

Trito il basilico, lo unisco alla ricotta, all'olio e al sale, mescolo con un frullatore a immersione (storia recente: prima usavo il setaccio). Lascio riposare per almeno mezza giornata, stendo in abbondanza su fette di pane alte un centimetro.

TARTINE DI TONNO

200 grammi di ricotta
100 grammi di tonno sott'olio
1 uovo sodo
il succo di 1 limone
pane integrale

Amalgamo bene tutti gli ingredienti, cercando anche di montarli un po' (con il frullatore è meglio), poi stendo il composto su fettine sottili di pane integrale.

PANINI ALLE MELANZANE

fettine di melanzane fritte
fior di latte
conserva di pomodoro

oppure:

avanzi di melanzane alla parmigiana
panini al latte

Taglio a metà i panini, tolgo una parte della mollica interna sostituendola con le melanzane, il fior di latte, una puntina di conserva.
Cinque minuti prima di portare in tavola, passo in forno caldo.

Verso la metà degli anni Settanta, quando capimmo che volevamo costruire qualcosa insieme, Massimo mi presentò al "gruppo". Fui ammessa come una sorta di uditrice, di cui decidere in seguito l'eventuale accettabilità.

Monolitico, apparentemente privo di spigoli sinuosità contraddizioni, il gruppo mi apparve come una roccaforte da conquistare: e non c'era da dubitarne, per Massimo era fondamentale che riuscissi. Perciò tentai con ostinazione di adeguarmi, ad esempio rendendomi disponibile sempre e al di là di quanto non mi sia congeniale.

La mia capacità di riciclare avanzi e rimasugli fu messa più volte alla prova dalla fame repentina e allegra che ci prendeva a notte fonda, nel mezzo di un'arroventata discussione politica: un punto per me, pensavo inventando una cena.

La prima volta che fui ospite ebbi cattivo vino, pane avanzato, salsicce cotte senza cura: cominciavano i primi dubbi.

PANINI AI FAGIOLI

fagioli stufati
pane casareccio

Stendo gli avanzi di fagioli (ma qualche volta li preparo anche apposta) fra due fette di pane casareccio, e passo sulla griglia del forno per qualche minuto. Se ho a disposizione brace e graticola, ancora meglio.

SEDANO AL GORGONZOLA

1 grosso sedano
100 grammi di gorgonzola al mascarpone
1 cucchiaio di whisky
3 cucchiai di parmigiano grattugiato

Pulisco bene le coste di sedano, togliendo tutte le parti filacciose e mantenendo solo le più bianche, nel cui incavo sistemo con il coltello – fino a riempirlo quasi completamente – il composto ottenuto mescolando energicamente gorgonzola, whisky e parmigiano, e qualche goccia d'olio.

PANE FRITTO

Quando preparo panini e sandwich utilizzo la mollica tolta, le bacchettine di crosta di pancarré, i vari pezzetti inutili per il pane fritto, che può essere mangiato così com'è oppure aggiunto ad una crema di verdura, o alle uova per la frittata di bocconcini.

ZUCCHINE MARINATE

zucchine
sale
aceto
prezzemolo

Taglio le zucchine nel senso della lunghezza (fettine di meno di mezzo centimetro) e le friggo in olio caldissimo. Dopo averle fatte asciugare bene sulla carta del pane (o sulla Scottex) le dispongo in un recipiente con coperchio. Sulle zucchine disposte a strati e salate verso poi un po' di aceto caldo, aromatizzato con il prezzemolo.
Vanno lasciate riposare in fresco per almeno dodici ore, ma si mantengono molto più a lungo.

POMODORI A FUNGHETTO

Per ogni pomodoro:
mezza patata bollita
20 grammi di tonno sott'olio
1 cucchiaino di capperi sotto sale
mezzo uovo sodo
1 cucchiaio di maionese, e maionese per guarnire

Tolgo ai pomodori (rossi, rotondi, molto sodi) la calotta, li svuoto, li salo, li metto a scolare a faccia in giù per un'ora almeno. Mescolo tutti gli ingredienti tranne l'uovo sodo, e con il composto riempio i pomodori. Per ultimo, con il tuorlo verso il basso, appoggio l'uovo, con intorno un giro di maionese.

Il copione dei primi sei anni della mia vita è un mélo senza sbavature: sensibile e precoce, l'orfanella dai grandi occhi tristi attraversa – vestita di piquet a nido d'ape – stanze e corridoi abitati da libri, da vecchi, da fantasmi.

Mi spettava di diritto una buona dose di compianto: maestre e vicini di casa mi accarezzavano con emozione, scambiavano sguardi.

Fu ancora mélo il rapporto di mio padre con una donna molto più giovane di lui: sul mio capo aleggiavano parole come "relazione" e "matrigna".

Tornando dal Campidoglio (la sposa in nero e grigio, con un mazzo di violette in mano), seduta fra lei e mio padre chiesi il permesso di chiamarla mamma. Nel pomeriggio un rinfresco a casa (zia Ermelinda in alta uniforme, nonna Alfonsa già disposta a ripartire), poi lui via al Senato per la legge-truffa.

Il compianto divenne ambiguo e maligno, l'ordito della storia si imbrogliava: anziché vestirmi di cenere e stracci, anziché picchiarmi negli angoli come nelle favole dei Grimm (con raro tempismo, mio padre me ne aveva regalato la raccolta completa proprio in quel periodo), la matrigna intesseva con me un'alleanza fatta di abiti per le bambole e di inappetenza.

Non mi sporcavo mai, non ero golosa, non rompevo i giocattoli, non avevo mai lividi né graffi né bottoni strappati: spaventata, mi insegnò subito a giocare a corda e a campana.

Per qualche tempo mio padre uscì più spesso dalla trincea del suo studio (Di guardia, al di sopra della porta, c'era un enorme ritratto di Stalin stile realismo socialista – la contraddizione fra gusto/cultura e politica deve avere avuto una parte non piccola nella vita di mio padre. Quando si cambiò casa, negli ultimi mesi del '56, il ritratto finì in cantina senza clamori. Per un certo periodo durante i miei giochi andai a vederlo, per quella sua aria di padre buono con i baffi. Poi il colore ad olio ammuffì, oppure sono cresciuta ed altri piccoli padri sono diventati il mio orizzonte).

"Mammina" scontava i postumi di una malattia grave,

dunque era lecito coccolarla, viziarla un po': il suo scarso interesse per il cibo allentò le redini che nonna Alfonsa teneva ancora in mano, saldamente e discretamente. Per stuzzicare l'appetito e mostrarsi padrona di casa, mammina mandò in tavola pomodori a funghetto e creatività, a me riservò i cuori di lattuga e altre palpabili delicatezze.

Nonna Alfonsa se ne tornò in Palestina. Zia Ermelinda mantenne il suo posto a capotavola ma io non le sedevo più accanto: con il cinismo dell'infanzia, nella scelta tra vecchia e giovane non ebbi esitazioni.

CROSTINI DI FEGATO

300 grammi di fegatini e interiora di pollo
1 cipolla piccola
1 pugno di capperi sotto sale
4 bacche di ginepro
1 cucchiaio di farina
1 cucchiaio di conserva
1 cucchiaio di pasta d'acciughe
1 tazzina di vino
1 tazzina di aceto
olio, sale
pane casareccio

Faccio soffriggere nell'olio la cipolla tritata finemente e i fegatini. Dopo una decina di minuti aggiungo i capperi ben lavati e il ginepro, lascio cuocere ancora un minuto o due, poi tolgo dal fuoco e passo il tutto nel setaccio a buchi grandi, in modo da ottenere una crema piuttosto granulosa. Rimetto la crema nel tegame, amalgamo la farina, aggiungo il vino, l'aceto, eventualmente un po' d'acqua o di brodo, la pasta d'acciughe, la conserva; lascio cuocere ancora per un quarto d'ora.

Da spalmare caldissima su fette di pane casareccio, che a Cetona bagnavano nel brodo ma che io preferisco bruscate in forno.

Scegliere le vacanze in quattro a Cetona era già uno scisma: la ferrea unitarietà del gruppo veniva messa in discussione, e nessuno ancora lo aveva fatto apertamente.

Marta e Lucio erano in quella fase piuttosto esterni allo "zoccolo duro": questo me li faceva più vicini, insieme al loro concedersi cose belle, agi, piaceri.

Il nucleo dello zoccolo era Aldo. Trento era già finita ma era a Trento che Aldo aveva imparato a fare politica, e anche altre cose: che gli operai diffidavano dell'eskimo, e dunque continuava a inalberare un certo cappottino grigio, i pantaloni sempre un po' striminziti scoprivano i calzini slavati dall'elastico molle; che quelli della Sit-Siemens mangiavano piatti grandi di pastasciutta stracotta e malcondita, con cui Aldo placava ora alcune sue ansie e voracità; che il grigiore da fabbrica aveva un soprassalto nei fiori alle finestre dei casermoni di Porto Marghera, dunque anche Aldo coltivava rigorosamente un geranio, rosso e rigoglioso, unica nota di colore nella sua casa stinta e austera. Su tutti – anche su se stesso – emetteva giudizi resi spigolosi da un desiderio di moralità astratto quanto dolente. Incapace di mezzi toni, oscillava fra l'entusiasmo acritico per la mia autonomia e lo sdegno appena velato per il samovar d'argento di mia nonna.

Gli altri del gruppo si adeguavano ai suoi dettami, chi più chi meno, con maggiori o minori quote di sofferenza.

A Cetona prendemmo una casa piccola, temevo invasioni del gruppo o della famiglia di Massimo, mi sentivo assediata dall'uno e dall'altra.

Marta era bella, vitale, elegante, accanto a lei Lucio appariva uno scricciolo esangue il cui potere all'interno della coppia discendeva da un passato politico (lui dirigente nazionale, Marta piccola "guardia rossa") e da una cultura militante rigorosa (Marta insicura e incerta, la sua voce acquistava definizione solo parlando del suo mestiere di maestra). Come tutte, anche la loro storia non era così semplice.

Tre settimane di grandi dormite, partite a carte, letture, indagini turistiche e prove gastronomiche: nel ristorante di Belverde, fra riproduzioni disneyane di mostri preistorici alberi secolari e uccelli, avevamo scoperto i crostini toscani, e varie volte tentammo di riprodurne il sapore, aggiustando via via il tiro.

Sul finire delle vacanze eravamo appena annoiati, e avevamo raggiunto un'armonia pressoché perfetta; nella cucina affacciata sul muro di capperi cuoceva, nella pignatta di coccio, la crema di fegatini. Pioveva, gite ne avevamo già fatte molte, il programma della giornata erano crostini a volontà, il vino di marca era già stappato: rosso, per riscaldare un autunno precoce. Inquadrata nella finestra verso la vallata, la pioggia come una tenda sfumava i contorni dolci delle colline toscane: la pigrizia e il benessere di sentirsi al coperto.

Una figura inchiodata all'angolo della strada, sotto gli scrosci, una figura indecisa e allarmante, le braccia sgocciolanti lungo i fianchi.

Il campanello: nel vano della porta Aldo zuppo e infreddolito, non si poteva che amarlo e fargli posto fra di noi.

Il primo lampo dei suoi occhi, l'affetto del primo abbraccio si perse subito; si asciugò i capelli e già era provocatorio, Massimo e Lucio subito richiamati all'analisi delle ultime vicende politiche, Marta e io a rimestare e difendere la nostra pignatta.

Ci mettemmo a tavola. Continuando a discutere disse di non avere fame, la marca del vino la liquidò con ironia velenosa. Il suo rifiuto ci pesava, come se stessimo perdendo tempo. Mangiammo poco anche noi, risucchiati nella sua logica, già vergognosi della nostra casa di paese nel confronto con la sua tenda da campo piantata fra i sassi e le vipere della montagna.

La pignatta quasi piena giaceva al centro del tavolo. Si discuteva di politica, avremmo dovuto parlare di noi.

Distrattamente Aldo prese un coltello, una fetta di pane, spalmò la crema, ne mangiò una quantità enorme.

Primi piatti

GNOCCHI DI SEMOLINO

1 litro di latte
250 grammi di semolino
3 rossi d'uovo
50 grammi di parmigiano grattugiato
50 grammi di burro
sale

Faccio scaldare il latte con il sale, quando bolle aggiungo – a pioggia – il semolino. Dopo una decina di minuti, quando il semolino è più o meno cotto, tolgo dal fuoco e aggiungo gli altri ingredienti mescolando bene: e in fretta, perché l'uovo non diventi frittata. Quindi verso il composto sul tavolo di marmo, in uno strato alto al più mezzo centimetro, che pareggio con una lama di coltello bagnata. Lascio freddare bene, taglio a quadrati o a tondini con una tazzina da caffè, dispongo in due o tre strati in una pirofila che inforno al caldo (250 gradi) per un quarto d'ora, o comunque finché non ottengo una crosticina dorata. Naturalmente, porto in tavola nella stessa pirofila.

Maestra elementare, ex dama di compagnia della regina, pianista, enigmista frenetica, poliglotta, vedova senza figli, con dei bellissimi capelli bianchi pettinati all'antica e una gamba malata che le consentiva di sfoggiare sontuosi bastoni da passeggio, zia Ermelinda viveva nell'appartamento attiguo al nostro e mangiava con noi, sempre attenta a controllare come tenevo le posate, o se stavo abbastanza eretta.

La chiamavo zia Mela per le sue guance, tese e fresche malgrado gli ottant'anni: accarezzarle era un piacere di cui conservo una precisa memoria. Come il suo odore, fatto di colonia, sapone di Marsiglia, orgogliosa vecchiaia.

Per ogni generazione zia Mela si era scelto un nipote preferito, da tirar su con ogni cura e di cui fare – possibilmente – un genio. La generazione di mio padre, dei suoi fratelli, dei suoi cugini fu certo in questo senso la più fruttuosa; in seguito la fiamma del genio andò via via affievolendosi nella guerra, nelle persecuzioni razziali, nell'emigrazione, in una vita troppo diversa da quella a cui era preparata. Non mostrò sconcerti: votava socialista, ricamava cuscini per le fiere di beneficenza della Comunità ebraica. Anche l'assenza di maschi cui affidare i destini italiani della famiglia non sembrò preoccuparla: scelse me, assumendosi il compito di trasmettermi tutte le conoscenze atte a rendermi geniale.

Dicono che da piccola ero stonata, zia Ermelinda mi mise al pianoforte quando avevo tre anni: bloccò lo sgabello girevole che avrebbe potuto costituire un elemento di pericolo o di distrazione, e cominciò a farmi fare giorno dopo giorno – nelle ore peggiori, quelle del pomeriggio in cui tutti i bambini del palazzo giocavano in cortile – scale solfeggi esercizi, Burgmüller Clementi e poi Beethoven.

Al ritorno dai viaggi mio padre veniva a sentirmi suonare, si sedeva sul divano di velluto con aria assorta a controllare se avevo fatto progressi o no.

Quando morì mia madre mi fu concessa una sospensione (un sollievo, ma non potevo darlo a vedere), poi le lezioni di pianoforte – compreso l'obbligo di istruirmi ai virtuosismi di zia Ermelinda – ricominciarono, con il corredo di pane azzimo per premio e merenda. Era un'azzima a bacchettine, da staccare una per una perché durasse più a lungo. Nelle occasioni speciali, quando avevo suonato molto bene e senza troppo farmi pregare, certe caramelle al frutto venivano tirate fuori da un contenitore d'argento che doveva essere stato un incensiere.

Cercavo perdoni, assoluzioni se possibile. Un pomeriggio volli commuovermi sulla *Marcia funebre* di Chopin che zia Mela martellava sul pianoforte, quasi stendendocisi sopra: sembrava il pianista folle dei "Piccoli di Podrecca", mi ci aveva portato lei a vederli. Mi allungai drammaticamente sul divano, la faccia stretta nel buio delle braccia come se piangessi: a mia madre sepolta a Losanna però volevo pensare davvero, in cerca di un'immagine che già mi sfuggiva. Zia Ermelinda si accorse di me solo dopo essere passata a un brano della *Traviata*, mi rimproverò perché pensava mi fossi addormentata.

Doveva fare di me un genio, dunque mi rendeva partecipe: della sua toilette, porgendole forcine e fermagli; del suo farsi bella, e ogni tanto mi faceva accarezzare la seta antica dei suoi kimono giovanili; della sua eleganza, fatta di zibellini, volpi argentate, perle matte e broches di rubini; del suo passato, immortalato in lastre di vetro da inserire in un apparecchio strano (qualcosa come un view-master in legno, regale e delicato) o da rintracciare nei vecchi carnets dei balli di Corte; delle nostre radici, inscritte nell'albero genealogico appeso accanto al suo letto. Molti riti, ciascuno con una sua funzione.

Mio padre era uscito dalla Comunità, zia Ermelinda era osservante. Se mai contrasti vi furono su questo terreno io non ebbi mai a soffrirne: si lasciò che nella mia educazione entrassero senza polemiche un costume di Purim, alcune canzoni ebraiche, la storia dei fratelli Maccabei, eroi recenti e avite glorie rabbiniche. Il mondo della religione mi appariva esotico e favoloso senza che ciò mi desse un desiderio particolare di entrarvi (La sera al buio – la veilleuse considerata indulgenza da deboli, l'unica luce cui aggrapparsi il buco della serratura – recitavo per sicurezza le preghiere cattoliche imparate a scuola. Nei componimenti le mie compagne descrivevano la prima comunione come il giorno più bello della loro vita, gli contrapponevo la testimonianza diretta del matrimonio laico di mio padre con la mia matrigna: *épater les bourgeois* era una frase ricorrente nel lessico famigliare, stupire era l'unica arma di cui mi sentivo padrona.

Alle medie, quando la diversità di essere atea fu un peso, mi professai ebrea.

Alla nascita di Tommaso, quando cominciò una diversa interpretazione del mondo, il fatto che mio figlio portasse un cognome non ebraico mi fece sentire al riparo da alcuni rischi.

Ma quanto atavico e bieco orgoglio nel sentirlo girare per casa cantando "...uno solo il creator / *baruchù baruscemà*...").

Per Kippur zia Ermelinda, che non cucinava quasi mai, si preparava una cena eccezionale. Dovevano esserci varie leccornie, ma il fascino maggiore era esercitato dalle olive: nere, molto grosse, tutte diverse dalle olivette smunte di cui mi saziavo a Formia. Seduta a capotavola nel suo abito più elegante, zia Ermelinda si circondava allora di piatti, piattini, bicchieri e posate in gran numero: la nostra cena normale si illuminava un po' della sua cerimonia, e qualche oliva per me c'era sempre.

Nella sarabanda domestica che precedeva i pranzi importanti di cui esigeva la supervisione, zia Ermelinda si ritagliava inflessibilmente lo spazio degli gnocchi di semolino. Ce ne andavamo a prepararli nella sua cucina, noi due sole, mentre di là fervevano i preparativi. Imburrava la teglia e ritagliava i dischetti con una cura quasi religiosa: e l'oro della crosticina era la garanzia che nemmeno fra gli ospiti di riguardo, nemmeno nel cuore di discussioni accalorate in lingue incomprensibili, avrebbe dimenticato di controllare se ero seduta convenientemente, o di aggiustarmi il fermaglio nei capelli.

La memoria familiare tramanda di Ermelinda Pontecorvo-Sereni un'immagine di donna dura, avara, dispotica, complessivamente poco simpatica. Insopportabilmente frivola: non aveva rinunciato ai suoi gioielli sontuosi neanche con la guerra (li indossava con totale naturalezza, il valore che avevano dipendeva dalla loro storia e non dal prezzo; glieli rubarono e poco dopo morì, sradicata, senza neanche più uno zaffiro a mantenerle fermo lo scialle). Per me zia Mela resta un profumo, la musica, dei gesti eleganti, la sensazione di qualcuno che chiede molto ma molto è disposto a dare, il calore di sentirmi prediletta e unica.

GNOCCHI DI CASTAGNE

100 grammi di farina bianca
100 grammi di farina di castagne
sale

Impasto gli ingredienti con l'acqua che occorre, formando delle bacchettine che poi taglio a gnocchetti. Faccio cuocere in abbondante acqua salata, scolo e condisco con un sugo di noci (una manciata di noci ben tritate scaldate insieme a olio, poco parmigiano).

GNOCCHI AL PROSCIUTTO

50 grammi di prosciutto cotto
2 rossi d'uovo
parmigiano
gnocchi di patate

Cuocio gli gnocchi come al solito. Intanto trito il prosciutto cotto e lo mescolo ai tuorli. Scolo gli gnocchi, verso il composto rimestando bene, addenso con poco parmigiano.

GNOCCHI AL COGNAC

200 grammi di gorgonzola al mascarpone
3 cucchiai di cognac
gnocchi di patate

Sciolgo il mascarpone con il vapore e un po' dell'acqua degli gnocchi, che devono essere molto ben scolati. Li condisco con la miscela di formaggi, aggiungo il cognac all'ultimo momento.

PASTA E FAGIOLI

2 scatole di fagioli borlotti
50 grammi di pancetta arrotolata
1 cipolla media
1 cucchiaino di conserva di pomodoro
150 grammi di spaghetti spezzati

Preparo il soffritto con la cipolla e la pancetta tritate grosso- lanamente. Quando la cipolla imbiondisce aggiungo i fagioli con la loro acqua, la conserva, una presa di sale. Lascio bollire per una decina di minuti, poi aggiungo la pasta e faccio bollire a fuoco vivo per due o tre minuti. A questo punto tolgo dal fuoco, e lascio che la cottura continui nella pentola calda.

Era estate: tempo di separazioni e assenze. Avevo mal d'orec- chio, e male all'anima: probabilmente l'uomo di cui ero inna- morata (davo il suo nome alle mie infelicità, un'operazione di cui rilevavo talvolta l'ineleganza), l'uomo dai mille impegni aveva annullato un suo impegno con me. Magari era andata a monte una previsione di cena, la tavola calda e poi i suoi posacenere sempre traboccanti, la speranza inesprimibile di stappare una certa bottiglia di Cordon Rouge, inquilino unico di un frigorifero deserto.

Cullavo l'orecchio contro il cuscino, un po' intontita, la testa pulsante.

Arrivò Enrico, era il mio amico del cuore. Presente quando avevo la febbre, quando i ladri mi sfondavano la porta, quando sembrava che dovessi andare in Inghilterra ad abortire.

Enrico seduto accanto a me sul grande letto d'ottone che cigolava a ogni movimento, l'orecchio sul cuscino, il dolore d'animo andava attutendosi, rimpiazzato via via prima dall'appetito e poi dalla fame.

«Avrei voglia di una pasta e fagioli. Ma di quelle che fanno in campagna, con i fagioli sciolti in un brodo denso. E fredda, con dentro gli spaghetti rotti...»

Quel sogno di pasta e fagioli prese ad agitarsi dinanzi ai nostri occhi con evidenza palpabile. Provammo a pensare dove avremmo potuto mangiarla ma non ci venne in mente nessun posto – ristorante o trattoria, a Roma o fuori – che offrisse garanzie sufficienti alla nostra immaginazione.

Con Enrico potevo rischiare – tutto tranne l'amore – dunque provai.

L'unica minestra di fagioli che avessi mai visto preparare era quella che piaceva a mio padre: cannellini lessati nell'acqua con uno spicchio d'aglio e poco olio, il riso cotto a parte e aggiunto alla fine. La detestavo, mi sembra a ragione. Perciò mi consultai con Enrico che aveva più sane tradizioni familiari, mi affidai un po' al mio istinto culinario, e soprattutto mi arrangiai con quello che avevo in casa.

L'odore del soffritto invadeva le stanze, il sogno andava coagulandosi. Poi bisognò aspettare che i fagioli cominciassero a sfarsi per buttare la pasta, che era ancora molto al dente quando mettemmo la minestra nei piatti per farla riposare.

Fu il momento più difficile: perché non avevo mangiato neanche a pranzo, e perché verificare un sogno è sempre pericoloso.

Seduti uno di fronte all'altra al tavolo dipinto di azzurro, al centro i fagioli – squisiti – ad accomunarci e a garantirci la complicità distante di sempre.

Che vendetta per i cannellini di mio padre, e per mio cognato che aveva minacciato: «Vai, vai a vivere da sola, tu non sai cosa significhi campare di pasta e fagioli».

I fagioli divennero la mia bandiera: li ho preparati per pranzi, cene, pic-nic. Citando contenuti proteici e la sana alimentazione dei pionieri del West.

Il tempo mi ha reso più economa, Tommaso e le mode salutistiche più attenta alle qualità nutritive: dai fagioli in scatola sono passata ai fagioli secchi messi a bagno il giorno prima, organizzare e programmare adesso più importante che improvvisare.

Il Far West – fascino e paura, rischio e avventura – è davvero lontano, ora.

MINESTRA DEI SETTE GRANI

4 cipolle medie
1 pugno di: fagioli rossi
           fagioli neri
           lenticchie
           ceci
           soia
           grano
           orzo perlato
           farro, ecc.

500 grammi di verdure miste per minestrone
1 cucchiaio di conserva di pomodoro
olio, sale

Taglio grossolanamente le cipolle, le faccio imbiondire nell'olio. Aggiungo i grani bagnati nell'acqua per 12 ore (il farro e l'orzo perlato sono più teneri, basta metterli nell'acqua una decina di minuti), la conserva, il sale, l'acqua necessaria. Faccio cuocere quasi completamente (per un'ora, se nella pentola a pressione), poi aggiungo le verdure. A volte finisco con un giro di frullatore a immersione, in modo tale che i vari componenti si disfino in parte ma non del tutto.

Se si immagina un medico fine-ottocento, introdotto a Corte ed ebreo, non lo si può pensare che con l'occhio vigile, il pizzetto bianco, il portamento signorile. Nonno Lello era esattamente così: il tutto in proporzioni minuscole, infatti il re – che notoriamente aveva fatto modificare l'altezza minima richiesta al servizio militare – se lo teneva volentieri accanto nelle foto ufficiali, per dar risalto ai propri centimetri di vantaggio.

Nella tradizione familiare questo Samuele è una figura scialba: immortalato in innumerevoli foto, tranne alcune battute di spirito l'unico merito unanimemente riconosciutogli è di avere formato una generazione intera di madri ai più avanzati criteri di puericultura.

Quando Tommaso aveva pochi mesi e mangiava le sue farine integrali, una di quelle madri mi raccontò della minestra dei sette grani: nonno Lello insisteva molto perché ai bambini si dessero minestre di legumi e cereali diversi, cosicché le componenti degli uni e degli altri potessero integrarsi a vicenda.

Sulla minestra dei sette grani si possono dire ancora tante cose: che la *panspermía* è un rito propiziatorio diffuso, nelle varie epoche e nelle varie forme, presso tutti i popoli; che la *mess-ciùa* genovese deriva dal diritto accordato agli scaricatori del porto di raccogliere le granaglie scivolate via dai sacchi trasportati; che al paese di mia suocera la composta di cereali si chiamava *i vertuti* (le virtù?): la si preparava per la festa della Madonna, a ferragosto, e veniva offerta a tutti i bambini.

Tommaso è cresciuto, finite le pappe siamo andati all'asilo di via Forlì. *Siamo* perché era una strana scuola (un'isola di '68 faticosamente sopravvissuta) che richiedeva ai genitori una partecipazione inconsueta, un coinvolgimento a volte oneroso. Non c'era cuoca né cucina; di fronte alla prospettiva dei bambini mandati a scuola ogni mattina con la gavetta ci accordammo per cucinare a turno: un pranzo completo per quaranta bambini.

Il primo anno le mie ambizioni di riconoscimento furono duramente frustrate: per quanta buona volontà ci mettessi i bambini erano schizzinosi, io inesperta, le pentole a pressione che usavo per il trasporto mi tornavano a casa quasi piene, con sguardi di disapprovazione delle maestre, pesanti sensi di colpa, Tommaso che non poteva vantarsi della sua mamma.

Mi avevano detto che i bambini non amavano le minestre, ma era la cosa che sapevo fare meglio, di cui mi sentivo più sicura.

Un po' meno sicura quando arrivai a scuola con i pentoloni e la maestra che li aprì disse:

«Minestra» e inarcò le sopracciglia.

Assaggiò, meditò, sorrise: la prima porta era sfondata, annunciò una minestra buonissima.

I bambini ne presero doppie porzioni, Lisetta per dimostrare il suo gradimento si mise la scodella per cappello. Ma Tommaso non accettò di partecipare al mio successo.

MINESTRA DI ORTICA

1 mazzetto di ortica
1/2 petto di pollo
1 litro di brodo
8 cucchiai di semolino

Dell'ortica uso solo le foglie giovani e tenere, raccolte a primavera, ben lavate in acqua fredda (inutile dire che i guanti sono indispensabili), che getto nel brodo bollente, insieme al pollo tagliato in piccolissimi dadi. Dopo una decina di minuti aggiungo, a pioggia, il semolino, e lascio cuocere mescolando.

MINESTRA DI ZUCCA GIALLA

1 chilo di zucca gialla sbucciata e tagliata a fettine
1/2 litro di brodo
60 grammi di burro
2 cucchiai di farina
pane fritto
parmigiano

Cuocio la zucca nel brodo, poi la passo al setaccio. Al burro sciolto in un tegame a parte aggiungo la farina, faccio imbiondire, unisco il brodo e la purée di zucca. Da mangiare bollente, con i crostini di pane fritto e poco parmigiano.

CREMA DI PISELLI

1 grossa cipolla
50 grammi di prosciutto crudo tritato, grasso e magro
500 grammi di piselli sgusciati

2 cucchiaini di parmigiano grattugiato
olio, sale

Trito la cipolla e la faccio imbiondire nell'olio insieme al prosciutto, aggiungo i piselli e il sale. Lascio cuocere per tre o quattro minuti mescolando, poi aggiungo due bicchieri di acqua calda, e a fuoco basso porto a cottura definitiva. Ottengo una minestra abbastanza densa, che poi passo nel frullatore o nel passaverdure.
Il parmigiano è facoltativo.

Passarono alcuni mesi senza che mio padre e io ci vedessimo: quando ero andata a casa a prendere indumenti e libri mia madre aveva offerto il tè a me e all'amica che mi accompagnava (non ero sicura che tutto procedesse senza intoppi, non andare da sola per coprirmi le spalle e la fuga eventuale), mentre lui era rimasto chiuso in camera da letto "a riposare": eppure erano le sei del pomeriggio.

Il primo incontro fu su un terreno neutro: o così doveva essere in teoria, perché l'appuntamento al portone di via delle Botteghe Oscure ci costrinse a un'affettuosità formale, per i tanti testimoni di cui si doveva in qualche modo tener conto.

Mi portò a colazione in un grande ristorante lì vicino: luci soffuse, quadri premiati, servizio impeccabile, atmosfera ovattata e di lusso.

A casa avevo sempre sentito discorsi sui soldi che non bastavano: se il nostro abitare aveva caratteristiche di ricchezza ignote ai miei compagni di scuola, gli abiti che portavo erano sempre più arrangiati, più ereditati, meno alla moda di quelli delle mie coetanee. Dell'abitare non ero consapevole, del resto sì e mi pesava, benché non riuscissi neanche a immaginare di poter discutere le scelte di militanza intellettuale e politica da cui quella situazione appariva determinata.

Quel pranzo fu una prima rivelazione: sui rapporti con mio padre, per le cose terribili che mi diceva; e anche sui suoi rapporti con il mondo esterno, per l'agio con il quale si muoveva nel ristorante d'alta classe, per l'alterigia che mostrò nella scelta del vino (a casa non se ne beveva), per la naturalezza con cui pagò il conto.

Allora era possibile che avesse come una doppia vita: il grande, scintillante parlatore di cui mi si cominciava a favoleggiare, il Maestro capace di trasfondere cultura a generazioni di allievi – in casa, con me, la cultura come ricatto terroristico, la politica come aneddoto mai come scambio o confronto. Il buongustaio esigente che a casa imponeva diete monotone e cibi insipidi.

Riflessioni confuse, mentre inondavo di lacrime impotenti la zuppa di piselli e poi il petto di vitello. Non mangiai, però mi diedi la soddisfazione di fumare per la prima volta in sua presenza.

La zuppa di piselli mi tornò poi in mente tante volte, per fame vera e propria o per desiderio di agio, di superfluo, di bello.

Non l'avevo neanche assaggiata, non potevo ricostruirne il sapore: la reinventai un anno dopo, appena ebbi una casa, e un fornello.

CREMA DI LATTUGA

1/2 chilo di lattuga
50 grammi di burro
2 cucchiai di farina
1/2 litro di latte
1/2 litro di brodo
1 rosso d'uovo
2 cucchiai di parmigiano grattugiato

Faccio bollire il latte insieme al brodo, vi lesso la lattuga togliendola quando è ancora al dente. La faccio scolare, la passo al setaccio. In un tegame sciolgo il burro, unisco la farina, quando sono bene amalgamati aggiungo l'insalata in crema e il brodo di cottura. Lascio cuocere per un quarto d'ora, poi verso in una zuppiera in cui ho già battuto il rosso d'uovo e il parmigiano.

MINESTRA DI ZUCCHINE

1/2 chilo di zucchine
1/2 chilo di cipolle
1/2 chilo di pomodori San Marzano
1 uovo
2 cucchiai di parmigiano
2 cucchiai di pecorino
olio, sale
pane casareccio

A freddo, metto a cuocere nell'olio, a fuoco vivo, le cipolle affettate, i pomodori tagliati in quattro spicchi, le zucchine tagliate in grossi fiammiferi. Dopo una ventina di minuti, quando le verdure sono cotte ma non sfatte, aggiungo due tazze d'acqua e il sale. Faccio bollire per due o tre minuti, quindi unisco l'uovo battuto con parmigiano e pecorino. Verso bollente su fette di pane casareccio, magari abbrustolito.

Della madre conoscevo la cortesia telefonica, avevo notizie periodiche degli ingenui furori del padre, venati di distruttività infantile. A Natale Massimo mi aveva portato, sorprendendomi, una grossa fetta della cassata che concludeva il pranzo di famiglia: iniziativa non sua, ma della madre. Del resto lo avevo aiutato a confezionare i pacchetti-regalo, e la mia carta crespa a fiore o a caramella aveva inciso nella routine. Non avevo particolare voglia o interesse ad avvicinarli, ma a un certo punto fu necessario. Ci fu un invito a pranzo – il loro imbarazzo e il mio, la casa lustra, piatti e bicchieri bene allineati, le posate non conformi al galateo. Pasta all'uovo, sughi, panna, piselli e funghi, molta carne, tanti contorni: osservavo senza passione, distrattamente infastidita da vezzi piccolo-borghesi che per la prima volta si affacciavano alla mia vita, forte dei miei abiti di Luisa Spagnoli ancorché in saldo, e di privilegi sociali di cui ero affatto inconsapevole. Solo mi colpì che il padre di Massimo avesse tanta voglia di parlare del Comintern.

I rapporti con la famiglia si intensificarono, noi prima conviventi poi sposati e poi genitori. Si intensificarono anche i pranzi: sempre pasti da grandi occasioni, anche quando capitavamo all'improvviso lei estraeva dal freezer arrosti, rotoli alla ricotta da passare in forno con il ragù, melanzane alla parmigiana. Dolci.

C'era un braccio di ferro: Massimo era il terreno del contendere, sentivo la paura che venisse risucchiato dalla famiglia, dalla mancanza di autonomia, dai manicaretti, dalle camicie stirate perfettamente cui non manca mai un bottone.

Lei mi spaventava, più spesso mi rendeva furiosa: perché siamo troppo simili, sempre all'erta per imprimere il nostro marchio d'origine controllata su tutto ciò che riguarda la nostra casa, la nostra famiglia, il nostro mondo. Lei zia prediletta di tutti i nipoti, sarta, cuoca, casalinga. Madre. Un vestito cui basterebbe rifare l'orlo lei lo stringe o lo allarga, aggiunge una pince o la toglie, modifica il polsino o il collo, lo fa suo. La stessa cosa sono i miei maglioni ricamati (sempre con qualche imprecisione perché inventati, non ripresi da un modello: posso ricostruire un sapore, non copiare una ricetta), il modo di mettere i fiori, di incartare un regalo o preparare un pupazzo di cartapesta per il compleanno di

Tommaso: per ora con mano un po' più leggera della sua, vedremo fra vent'anni.

La casalinghitudine che tengo a bada dentro di me, relegandola in un angolo circoscritto dalla ragione, in lei è dichiarata, aggressiva, caotica, piena di risorse, pervasiva: l'apparente irrazionalità che ogni volta le fa mettere sottosopra l'intera cucina anche per le cose più semplici – pasta al burro e fettina, ad esempio – risponde a una logica ferrea, a un rendersi occupata e indispensabile che risuona in me con echi minacciosi.

Ci siamo fatte ben poche concessioni.

Il punto di rottura è stato sfiorato più volte quando ci ritrovavamo insieme, in vacanza per un mese, nella casa di Posticciola: la sua casa, costruita con la sua fatica e la sua inventiva, dove tutto risponde a criteri che non posso condividere.

A cominciare dal cibo: c'è il camino ma la carne non è mai alla brace bensì stracotta, ripassata, ricondita, riciclata. Si sta troppo a tavola, si mangia troppo, ci si occupa troppo del cibo. E sempre pastasciutta, e sughi, e salse, una cucina troppo grassa e proteica che a Massimo, a partire dalla nascita di Tommaso, ha cominciato a procurare disturbi.

Più mi mostravo estranea e insofferente a tutto questo, più lei cercava di irretirmi a colpi di panna e sottilette: aveva pensato quella casa come il focolare dove la famiglia potesse ricomporsi e io me ne tiravo fuori, a piantare rampicanti che certo avrebbero portato in casa "le bestie", a concimare i sassi, a spaccare legna rabbiosamente, protesa con ostentazione verso passeggiate, asparagi selvatici, caffè non fatto in casa (Ma anche lei, che per i suoi mali non dovrebbe chinarsi, finite le faccende se ne andava per campi a fare la cicoria: il risparmio una scusa magra, andava quasi di nascosto, il marito quando lei si diverte non cessa di ricordarle tutto ciò che a suo parere le è di danno).

Quando mi proposero un congresso in Sardegna accettai

subito: ai consueti disagi di Posticciola si aggiungeva, in quell'estate in cui Tommaso aveva nove mesi, l'ansia di tutti per un bambino che sembrava rifiutarsi di crescere. Sempre più irritata, arroccata in una visione del mondo ancora baldanzosa e arrogante, arginavo a fatica le iniziative di mia suocera, tese in particolare a vestire il bambino "come un ometto" e a impedirgli di masturbarsi dondolando. Così lei si rifugiava nell'accorata ricerca di cibi che garantissero a Tommaso un sonno più sereno, mentre io tenacemente annoveravo i suoi risvegli continui fra le cose sfortunate – ma non straordinarie – della vita (Mi esaurivo e placavo nelle filastrocche che inventavo per lui, cantare per tranquillizzarci e restare sveglia: "...la tisana è miele e tiglio / scende dolce nel pancin / dormi dormi mio bel figlio / bianco rosso e ricciolin...").

Dunque partii contenta, la corriera fino a Roma e poi l'aereo per sentirmi importante, autonoma, libera. Si ribadiva il valore del mio lavoro, del contributo economico che ne derivava, del ruolo non solo di madre che mi competeva.

Massimo mi telefonava la sera in albergo, mentre parlavamo spaziavo con lo sguardo sul letto a due piazze completamente mio, e anche il corredo del bagno mi apparteneva, non c'erano pannolini né mutandine di plastica né pasta di Fissan. Posticciola era lontana, gradevolmente lontani erano anche i resoconti che Massimo mi faceva delle giornate di Tommaso: i pasti, il sonno, i sorrisi.

L'ultimo giorno, dall'altoparlante del Palazzo dei Congressi una chiamata urgente per me. Al telefono Massimo emozionato e fiero:

«Tommaso ha tagliato il primo dentino».

Lasciai a Cagliari le ultime illusioni – perniciose forse – di poter fare a meno del cordone ombelicale che mi lega a mio figlio: per quanto Tommaso possa nascere al mondo, partorirlo del tutto mi sarà sempre impossibile.

Mentre vuotavo la valigia mia suocera mi regalò un sorriso incerto, a metà fra il sollievo e la pena: ero scesa dal piedistallo, non se ne rallegrava.

Ne scese anche lei, i suoi gesti non sono mai casuali: per pranzo riciclò il pane secco nella minestra di sua madre, la minestra povera del paese dove è nata, scoprendo per la prima volta un pezzetto delle radici che aveva fino ad allora ritenuto di dover nascondere sotto panna, sottilette, salse, sughi.

MINESTRA DI LATTE

latte
riso
burro, parmigiano
sale

Faccio bollire con il sale il latte, nel quale faccio cuocere il riso. Condisco poi con burro e parmigiano.

ZUPPA DI CIPOLLE

1 chilo di cipolle
1 cucchiaio di farina
1 litro di brodo
100 grammi di fontina a fettine
50 grammi di parmigiano grattugiato
1 bicchierino di whisky
pane casareccio
olio, burro, sale

Taglio le cipolle in grossi pezzi, le faccio imbiondire in olio e burro. Aggiungo poi la farina, la faccio stemperare bene, unisco il brodo. Lascio cuocere a fuoco basso, coprendo il tegame, per circa un'ora, o finché le cipolle non sono comunque quasi completamente sfatte. A fuoco spento aggiungo il bicchierino di whisky. In una pirofila dispongo a strati alterni pane casareccio a fettine, formaggi, salsa di cipolle, cominciando e finendo con quest'ultima. Prima di portare in tavola, in forno caldo per una decina di minuti.

La mia prima casa erano due stanze, il bagno, il cucinotto, una terrazza grande tre volte l'appartamento. Quando andai ad abitarvi possedevo un letto, una libreria fatta con le cassette della frutta, un divano dalle molle particolarmente aggressive, una caffettiera elettrica. Nessun tipo di fornello. Ma era estate, e fu un'orgia di insalate: con il tonno, con le acciughe, con le uova sode che entravano nella caffettiera di stretta misura, rimanendovi quasi sempre incastrate.

All'inizio dell'inverno la stufa warm-morning – alimentata con le travi prelevate da un cantiere vicino – mi servì per patate e castagne, poi finalmente ebbi un fornello e conobbi Beatrice.

Veniva da una strana famiglia genialoide e pasticciona, che aveva serbato saldi rapporti con le proprie origini maremmane. Un fratello era cacciatore, nella cucina ricca e raffinata di Beatrice entravano in molti modi il cinghiale e la cacciagione.

Sua madre mi adottò, si preoccupava che non mi nutrissi a sufficienza: quando ero a pranzo da loro mi preparava bistecche immense, e attraverso Beatrice mi inviava bavaresi contenenti una gran quantità di uova. Il rispetto per il cibo accomunava anche i fratelli, che mi proteggevano, mi coccolavano, a turno si resero desiderabili.

Parlando con Beatrice, riandando alle nostre infanzie per molti versi simili (le letture terribili: da *Il tallone di ferro* a *La giovane guardia* a *Come fu temprato l'acciaio*) cominciai a pensare che un'educazione marxista non significa automaticamente libertà. O felicità.

Beatrice fu la mia prima porta verso la psicanalisi: attraverso i suoi occhi vidi il '68 capendoci poche cose, alcune importanti. Quella visione del mondo l'ho usata in seguito per molte scelte, allora mi servì per capire le ragioni di Beatrice quando mi portò via un uomo: proprio sotto il naso, con una pesantezza che non le apparteneva.

Fu difficile il ritorno nel taxi che mi portava a casa dopo averli lasciati soli: mi chiedevo ossessivamente perché. La risposta venne già prima di arrivare a casa – il bisogno di affermazione in quel momento più vitale per lei di ogni altra cosa – e come per magia lo capivo valido, non mi faceva più male. Mi addormentai con qualche fatica, ma di un sonno sereno.

Tardi nella mattinata, Beatrice alla mia porta con una teglia di zuppa di cipolle, l'aria di chi si aspetta di essere cacciato a calci.

Accesi il forno, apparecchiai, sedemmo, mangiai voracemente, solerte e affettuosa verso la sua inappetenza. Avevo scoperto la ferocia vendicativa della bontà.

CREMA DI PATATE

1 cipolla media
1 busta di purée liofilizzata
1/2 litro di latte
1/2 litro d'acqua
burro, parmigiano, sale
200 grammi di cannolicchi piccoli

Soffriggo nell'olio la cipolla tritata finemente, aggiungo acqua e latte e porto a ebollizione. Verso a pioggia la purée liofilizzata, riporto a ebollizione, unisco la pasta. Tolgo dal fuoco dopo un paio di minuti, perché la cottura continui nella pentola calda senza che la pasta si attacchi. Condisco all'ultimo momento con burro e parmigiano.

STRACCIATELLA

1 tazza di brodo
1 uovo
1 cucchiaio di semolino
1 cucchiaio di parmigiano

Quando il brodo bolle verso a pioggia il semolino. Dieci minuti dopo aggiungo l'uovo sbattuto insieme al parmigiano, mescolo bene per un minuto o due, metto in tavola caldissimo.

Secondo una tradizione consolidata e suffragata mia madre era una santa, un'eroina, una martire. Figlia apolide di un socialista rivoluzionario morto in Russia durante la rivoluzione del 1905, nonché di una turco-greca che aveva anche lei portato le sue brave bombe nella borsa della spesa, i numeri per entrare nei libri di storia li aveva proprio tutti: era perfino parente, alla lontana, di quella Dora Kaplan che attentò alla vita di Lenin (parentela pagata cara, negli "anni spietati" e anche dopo).

Molto della mia famiglia è nei libri: trattati, memorie, saggi, carteggi. L'eroe, la biologa, gli agronomi, i nichilisti, lo storico, l'agente segreta, l'industriale illuminato, consegnati alla Storia spesso già da vivi.

Non è sufficiente perché io capisca.

Anche mia madre ha il suo libro, una frase: "In un momento in cui mi sentivo un po' meglio ho preso Clara sul letto, l'ho coccolata un poco, l'ho baciata. E lei subito ha chiesto: 'Me lo farai anche domani?' Come è facile commuoversi e perdere tutte le forze...". Mi risuona dentro un'eco vaghissima di tenerezza, non di più. Nella memoria mia madre è sempre stata morta; mio padre è sempre stato, se non vecchio, comunque a rischio della vita, affaticato, occupato. Il prima, quel nucleo nascosto che pure esiste da qualche parte dentro di me, posso solo immaginarmelo, raccontarmelo come una fiaba.

Era alla Conferenza di pace di Parigi, al palco della presidenza, quando gli misero in mano il plico celeste. Pensò a uno dei tanti messaggi ufficiali, "impossibilitato intervenire auspico..."

NATA LIBERA TUTTO BENE ABBRACCI LOLETTA.

(Quanti nomi nella loro vita, Severi e Saunier, Bernard Marina Aldo Liliane, nomi clandestini nomi di battaglia: Loletta soltanto nome d'amore).
Sembrava una vendetta: dopo il carcere, l'assenza di anni, il non conoscersi che aveva marchiato le prime due, ora questa figlia della pace e della legalità si metteva a nascere con un mese d'anticipo, mentre lui non c'era.
Ma l'importante era che tutto fosse andato bene: la compagna della sua vita già la chiamava "Libera", fedele al giuramento che lui aveva condiviso con i fratelli; gli altri nomi li avrebbero scelti insieme, il futuro non era più sbarrato, l'aereo militare non avrebbe impiegato troppe ore ad arrivare a Roma.
Salì sul podio, fu uno dei suoi migliori discorsi: la notizia gli aveva messo addosso un'allegria, ora c'era un'altra goccia nel grande mare della Storia e della rivoluzione, bisognava battersi anche per lei.

Il giovane ufficiale polacco, guardia del corpo e controllore, lo accompagnò nel giro sui lungosenna, in cerca di libri rari come sempre. Parlarono del congresso – con qualche circospezione –, di letteratura, di vino. Di figli. Mangiarono insieme senza guardarsi troppo negli occhi, si scambiarono ancora qualche buona barzelletta, poi prese l'aereo per Roma. Aveva comprato un regalo per Loletta?

Il carcere, il pericolo, la guerra le avevano insegnato a essere silenziosa, organizzata, efficace: nessuno avrebbe detto che in casa c'era un lattante, che andava peraltro ad aggiungersi a una tribù già abbastanza vasta di parenti, tutti alloggiati nella grande casa dai lunghi corridoi.

La madre di Loletta, che forse frequentava ancora i suoi club di socialisti rivoluzionari, dopo il parto era opportunamente già scomparsa dalla circolazione, forse in Francia e forse in Palestina, lui non sapeva né era bene che sapesse.

Loletta lo prese per mano, era contenta di questa figlia dal futuro più tranquillo: si chinarono sulla culla e insieme stettero a guardare la bimba che dormiva, affilata come tutti i prematuri, minuscola.

Dopo l'ultima poppata, a mezzanotte passata, Loletta attraversava il silenzio della casa e gli portava gli spaghetti alla napoletana, freddi come gli piacevano. Scambiavano qualche parola, forse un abbraccio, poi lei andava a letto e lui continuava a lavorare fino alle luci del mattino: di notte la politica restava chiusa fuori dal suo studio insonorizzato dai libri, e lui riallacciava il suo dialogo con gli antichi, la storia, la musica.

Con Loletta si vedevano poco, ma come si sentivano ricchi… Dopo anni di distanze quasi insuperabili, le sbarre le perquisizioni i cifrari le condanne a morte, vivere nella stessa casa, con le figlie, sembrava quasi una vacanza.

Forse fu proprio abbassando la guardia di un ventennio che Loletta si ammalò: certo la malattia fu qualcosa che gli sembrò di non poter reggere.

La loro organizzazione ferrea come sempre funzionò: lei in clinica in Svizzera, a sperimentare terapie d'avanguardia per un male incurabile; lui in casa, al partito, ai congressi, con la figlia piccola che si pensava dovesse avere almeno un padre, visto che la madre non poteva esserci.

La bambina cresceva quieta, non dava problemi, si addormentava tranquilla negli alberghi di Varsavia mentre lui tirava avanti con le riunioni. Era goffo nel metterle il pigiama, le altre figlie le aveva conosciute già grandi.

Adesso, di notte non poteva più soltanto lavorare: scriveva a Loletta, senza far finta che ambedue non sapessero. La sua abilità di scrittore lucido e rigoroso certe volte non bastava, il cestino si riempiva di tentativi abortiti di lettere d'amore.

Per sé aveva accettato tutto, le torture e la morte e le contraddizioni insanabili, e a tutto era riuscito a dare un senso, come se ogni avvenimento, ogni pensiero fosse la maglia di una grande rete che abbracciava il mondo. Ora la rete non funzionava più, non era la morte eroica a braccarli ma una morte stupida, banale, il cancro.

Allora prese per mano la bimba e salirono in treno, su un aereo a elica, su grandi macchine nere e silenziose: per andare a trovare Loletta.

Nell'inverno russo fu ancora una vacanza: ritrovando la sua lingua-madre a Loletta le parole venivano più facili, lui le comprava cappelli, la bimba si godeva la neve, i marmi del métro, l'affetto.

Naturalmente bisognò separarsi di nuovo.

Al ritorno avrebbe attutito nel lavoro, ora aveva soltanto la bambina. Inventò fiabe per lei, la tenne in braccio nelle foto ufficiali.

In viaggio la bambina si ammalò: rossa di febbre se ne stava accoccolata nel vagone-letto, rifiutando i cibi inconsueti dei Paesi che andavano attraversando, maiale in agrodolce, polpette con le prugne.

Vienna confine fra due mondi, Vienna stretto corridoio fra est e ovest. Adoperò tutto il potere che aveva dall'una e dall'altra parte, e ottenne: un brodo di carne con la stracciatella, e un intero cartoccio di parmigiano per condirla.

Nel brodo il parmigiano faceva isole e montagne; dovette inventare un'altra fiaba, poi la bambina si addormentò. Nel sonno la febbre cominciò a calare.

L'avvolse in una coperta rossa, la prese in braccio, e scendemmo dal treno.

PASTA ALLE MELANZANE

400 grammi di pasta (gnocchetti sardi, orecchiette)
2 melanzane
6 pomodori San Marzano
1 spicchio d'aglio
4 foglie di basilico
4 cucchiai di ricotta al forno
olio, sale

Friggo le melanzane tagliate a rotelline in abbondante olio, le lascio scolare sulla carta del pane.
Preparo il sugo con l'aglio soffritto nell'olio, i pomodori schiacciati, il basilico, che faccio cuocere per pochi minuti a fuoco vivo.
Lesso la pasta, che condisco con il sugo, le melanzane, la ricotta passata al setaccio con i buchi larghi.

PASTA LIEVITA

1/2 chilo di farina
1 dado di lievito di birra
1 bicchiere e mezzo di acqua tiepida

1 spicchio d'aglio tritato
1 cucchiaino di sale
4 cucchiai d'olio

A volte la compro già pronta, più spesso la preparo da me, basta che abbia tre ore per farla lievitare.

Impasto i vari ingredienti in una zuppiera (per non sporcare il tavolo), fino ad avere una pasta abbastanza morbida ed elastica. Lascio un po' di farina sul fondo, raduno la pasta in una palla su cui incido una croce col coltello: rito propiziatorio, e contributo reale alla lievitazione. Copro il recipiente con un panno, lasciandolo in un punto tiepido della casa. Poi – quasi sempre – stendo direttamente nella teglia oleata, premendo con le dita, senza usare né tavolo né mattarello.

PIZZA CON LE MELANZANE

1/2 chilo di pasta lievita
1/2 chilo di melanzane
1 fior di latte piccolo
1/2 chilo di pelati
1 spicchio d'aglio
5 foglie di basilico
olio, sale

Friggo le melanzane tagliate nel verso della lunghezza. Preparo un sugo con i pelati, l'aglio soffritto, il basilico e il sale, che faccio cuocere per pochi minuti a fuoco molto vivo.

Dispongo la pasta (non più alta di mezzo centimetro) in una teglia ben unta, vi stendo sopra il sugo, le melanzane, il fior di latte grattugiato o tagliato in pezzetti minuscoli.

Inforno per una ventina di minuti, a 220 gradi.

PIZZA CON LE CIPOLLE

1/2 chilo di pasta lievita
2 grosse cipolle
1 etto di mortadella
2 etti di caciotta toscana
olio, sale

Stendo la pasta, la sistemo in una teglia ben unta, dispongo in ordine il formaggio grattugiato, la mortadella tagliata in fette sottilissime, la cipolla tritata finemente, una buona presa di sale.
Venti minuti in forno, a 220 gradi.

PIZZA DI VERDURA

1/2 chilo di pasta lievita
1/2 chilo di verdura lessata (bieta o spinaci o ortica)
50 grammi di tonno sott'olio
50 grammi di olive
50 grammi di sottaceti
qualche cappero
olio, sale

Trito grossolanamente e mescolo tutti gli ingredienti, a eccezione naturalmente della pasta lievita. Con questa formo due dischi sottili, all'interno dei quali sistemo il composto. Chiudo bene i bordi pressandoli, ungo il disco superiore e lo buco qua e là con la forchetta, inforno per tre quarti d'ora a 250 gradi.

Per elezioni dai risultati forniti a sgoccioli e senza proiezioni, da seguire fino all'alba per capire come andavano veramente le cose, l'unica proposta potevano essere le pizze, che preparavo a seggi aperti e si mangiavano poi come capitava.

Nel '74, per il divorzio, c'erano tutti i miei amici di anni, lo champagne per brindare, gli abbracci di Enrico erano ancora un rinvio ma i grandi rivolgimenti erano lì, a portata di mano. Nel '75 erano cambiate diverse cose. C'era Massimo, il gruppo: i miei amici e i suoi entità non sommabili, il mio passato divenne come una scatola chiusa, lasciata in disparte, già inutile. Il senso critico con il quale avevo inizialmente analizzato il gruppo era scomparso, cancellato dall'ansia di accettare e farmi accettare.

Paolo e Patrizia erano già sposati, Aldo e Maria vivevano insieme: convivenze che avevano qualcosa di precario, di episodico, perciò la mia casa consolidata e in centro fu per tutti un punto di incontro. La differenza profonda fra il mio cucinare e il loro giocare con il cibo, o il rifiuto di accettarlo come imprescindibile, era già un contrasto. La pizza mediava, Aldo non se ne curava o la giudicava accettabile.

Prima delle elezioni, fino a tardi analisi politiche, discussioni. Tranne Francesca le donne tacevano. Aldo era il leader, Paolo gli si opponeva di tanto in tanto come casualmente, senza dichiarazioni aperte.

I confini delle coppie apparivano ben delimitati, dopo la parentesi traumatica che aveva coinvolto tre membri del gruppo.

Avevo diffidato della rigidità che irreggimentava ogni iniziativa (gli scontri interminabili per decidere fra Fassbinder e Rohmer, e alla fine la mediazione era Risi), mi attirava invece la possibilità di riportare nel gruppo le tensioni di ogni singola coppia, e l'imperativo morale che sembrava sottendere alle azioni di ciascuno.

La sera delle elezioni davanti al televisore piccolo e disturbato c'eravamo tutti, anche gente che con il gruppo aveva rapporti discontinui e marginali, coinvolta dalla forza d'attrazione di un nucleo ancora forte, convinto delle rivoluzioni che stavano per accadere.

La pizza non era cotta bene, neanche per me aveva importanza: eravamo così pieni di vittoria da non avere nemmeno fame. Il fiasco di vino passava di mano in mano, bevvero anche gli astemi, avevamo tutti gli occhi brillanti quando uscimmo, trascinati da un antico cordone ombelicale in via delle Botteghe Oscure.

Dal balcone, con un sorriso faticoso, Berlinguer invitò la folla alla calma e alla riflessione.

Alle elezioni del '76 eravamo così certi che Aldo acconsentì alla colletta per lo spumante: lo mettemmo nel freezer per farlo freddare più in fretta, ce ne dimenticammo, la bottiglia scoppiò senza allegria.

PASTA AL BURRO

250 grammi di pasta
50 grammi di burro
50 grammi di parmigiano
sale

Usata generalmente come indicatore di sciatteria, la pasta al burro è rispettabile con soltanto qualche piccolo accorgimento: il burro lo scaldo nella zuppiera insieme a una parte del parmigiano; la pasta non deve essere scolata del tutto, ma conservare invece una piccola parte dell'acqua di cottura, di cui mi servo per far amalgamare meglio il parmigiano residuo.

Quando sentivo parlare di lui (il diminutivo con cui lo nominavano compariva in continuazione nei discorsi) pensavo che fosse il figlio di se stesso: era un personaggio la cui notorietà apparteneva al mondo dei padri, consegnata alla Storia, dunque il quarantenne citato nei salotti della borghesia rossa che frequentavo non poteva essere la medesima persona.

Lo conobbi a gennaio per ragioni di lavoro; capii che le due persone erano una sola, mi chiese una complicità che era tutt'uno con il riconoscimento di un mio status politico-sociale di cui nessuno, fino a quel momento, aveva mostrato di accorgersi: a cominciare da me.

Lavoravamo a contatto di gomito. A marzo, un giorno mi salutò con un piccolo bacio di simpatia e già diventava il Grande Amore: tutti gli altri rapporti cancellati, cremati alla luce solare che lo consumava.

A maggio sembrò che i miei pezzi sparsi potessero ricomporsi: stimava le mie doti di organizzatrice ma era importante anche che cantassi al Folkstudio, che vivessi da sola, l'amore per la Francia (ricordare insieme una canzone di Trenet sconosciuta ai più), il fatto che scrivessi.

Il cibo accettai di considerarlo secondario; l'unico alimento consentito il caffè, e senza zucchero: non dieta, ma come un rifiuto di mangiare se non casualmente, in una tavola calda o un ristorante, a ore inconsuete, magari con allegria.

Avevo la sensazione che fosse realmente curioso di me, sfruttava le mie capacità fino in fondo, tutte, e questo mi conferiva valore ai miei stessi occhi.

Ed era un padre: culturalmente, politicamente, quasi anagraficamente. Ho amato le sue rughe – del corpo e dell'anima – più della realtà.

A luglio la gente si era abituata a vederci insieme, vivevo appesa al filo del telefono, in una disponibilità disperata e perdente. Ma gli piacque un mio racconto pubblicato in quei giorni, forse una volta o l'altra sarebbe venuto a sentirmi cantare.

Ad agosto quanti ristoranti chiusi. Dovevamo lavorare fino a tardi, arrivai da lui con un pacco di spaghetti, il panetto di burro, un cartoccio di parmigiano grattugiato.

Sedemmo vicini a mangiare, disse persino che la pasta era buona (in genere non giudicava mai il cibo, si limitava a ingoiarlo per sopravvivere). Per un momento sembrò che si potesse aprire la bottiglia di Cordon Rouge del frigorifero. Ma già lo sguardo era lontano, cominciò a parlare del numero del giornale che stavamo preparando; poi sparì in una telefonata.

Prima di andare via volli lavare i piatti, il suo fastidio e il mio insistere, quasi uno scontro fisico.

Il bacio che ci scambiammo sulla porta fu ancora affettuoso: complice, no.

PASTA E ZUCCHINE

500 grammi di zucchine
1 spicchio d'aglio
400 grammi di pasta corta (cannolicchi, penne)
olio, sale
1 cucchiaio di parmigiano grattugiato

Grattugio le zucchine, mentre la pasta cuoce le faccio soffriggere insieme all'aglio tritato in un tegame-padella. Condisco anche con il parmigiano.

POLENTA AI QUATTRO FORMAGGI

200 grammi di polenta a grana fina
200 grammi di polenta a grana grossa
1 bicchiere di latte
200 grammi di groviera
100 grammi di fontina
50 grammi di burro
50 grammi di parmigiano grattugiato

Cuoco la polenta nella pentola a pressione, con acqua salata e il latte. Dopo il quarto d'ora necessario aggiungo fontina e groviera a dadini, il burro e il parmigiano, facendoli sciogliere ancora un momento sul fuoco.

Al liceo, un giorno che mancava un insegnante comparve, per la supplenza, il Celli. Entrò, chiese se avevamo da studiare o se preferivamo leggere qualcosa insieme.

Già la domanda fu una sorpresa: eravamo abituati a supplenze seccate, a professori che chiedevano soltanto di essere lasciati in pace.

«Chi è che vuole leggere? Ecco, venga lei. È un racconto di fantascienza.»

Ci dava del lei, ci veniva da ridere. In più la fantascienza la consideravamo roba di quart'ordine, come leggere *Topolino*.

Il racconto era *La sentinella*: quaranta righe, un mondo nuovo.

Il Celli diventò una presenza consueta: fra supplenze e incontri nel corridoio ci aiutò a dare slancio al giornale, che fino ad allora aveva avuto vita molto stentata. E così per il cine-club, le gite scolastiche, il libro-club, i concerti. Il consiglio d'istituto tollerava, salvo opporsi a un ciclo di Eisenstein.

Il Celli aveva poco più di trent'anni, era malato di cancro e lo sapeva.

I suoi occhi nella faccia non bella erano dolci e maturi. Mi innamorai del suo impermeabile stropicciato, della fantascienza, del suo essere adulto.

Per Capodanno mi invitò a casa di suo fratello, i miei diedero il permesso, uscivo per la prima volta dalle feste con i compagni di scuola e i genitori che ci riportavano a casa subito dopo la mezzanotte. Mi sentii grande, le feste delle sorelle maggiori erano state solo un riflesso, quello era un invito per me.

Le scale dell'appartamento del centro storico ci diedero il fiatone, in cima c'era il soffitto a travi, un albero di Na-

tale di legno con attaccato un pulcinella e dei mandarini,
Brassens sul giradischi, trentenni che non mi trattavano
da intrusa.

Avevo fantasticato molto: pronta a sacrificare la vita, e
sopratutto quel fiore di verginità che cominciava a essermi di peso. Fantasticato anche sui cibi: un pasto totemico
avrebbe certo salutato la mia iniziazione.

Ballammo guancia a guancia – sempre dandoci del lei –, il
suo fiato era appena ansimante vicino al mio orecchio.

A mezzanotte brindisi e auguri, un piccolo bacio.

Era il momento di mangiare: forse caviale e champagne,
o qualche altro cibo talmente da adulti che nemmeno riuscivo a immaginarlo.

Il fratello emerse dalla cucina con un'enorme tavola di
legno, la polenta consentì accostamenti di cucchiai e di
mondi.

Mi riaccompagnò a casa in taxi, era quasi mattina: tenendomi per mano e dandomi del lei.

Secondi piatti

INVOLTINI DI MELANZANE

1/2 chilo di melanzane bianche
300 grammi di carne macinata
1 uovo
3 cucchiai di pangrattato
6 foglie di basilico
1/2 chilo di pelati
1 spicchio d'aglio
50 grammi di ricotta al forno

Friggo le melanzane tagliate nel senso della lunghezza in
abbondante olio, le lascio scolare sulla carta del pane. Preparo – con la carne, il pangrattato, l'uovo, il sale, tre foglie
di basilico – delle polpettine allungate che poi avvolgo nelle
melanzane, fermando con uno stuzzicadenti.
Preparo quindi un sugo con l'aglio tritato e soffritto, i pelati,
le altre tre foglie di basilico, e immergo gli involtini. Faccio
ritirare il sugo, girando piano gli involtini perché non si
rompano.
Nei piatti, condisco con la ricotta grattugiata.

INVOLTINI DI CAVOLO

10 foglie di cavolo verza
300 grammi di carne macinata
1 uovo
3 cucchiai di pangrattato

1 cucchiaio di prezzemolo tritato
1/2 chilo di pelati
1 cipolla grande
sale, pepe, olio

Sbollento le foglie di verza in modo che diventino flessibili ma non troppo morbide. Impasto la carne, l'uovo, il pangrattato, il prezzemolo, il sale e il pepe, quindi dispongo le varie porzioni all'interno delle foglie, che avvolgo come per un involtino e fermo con uno stuzzicadenti. A questo punto metto a soffriggere la cipolla tritata con un po' d'olio, aggiungendovi il pomodoro, che faccio rapprendere appena un po'. È il momento ora di immergere gli involtini, che devono cuocere – coperti – per una ventina di minuti.

Alla vigilia degli anni Cinquanta la mia famiglia era – per la prima volta nella sua storia – una famiglia normale: un padre, una madre, tre figlie, tutti insieme nella stessa casa. I soprannomi di ciascuna ribadivano i legami con un passato ancora molto vicino: Ada, la maggiore, si chiamava anche Ottobrina per via della rivoluzione, e restava la "figlia della clandestinità"; Giulia era ancora la "figlia della guerra", e io – la più piccola – ero (ma per il momento) la "figlia della pace". I cospicui intervalli d'età fra l'una e l'altra corrispondevano agli anni di prigione di mio padre: prima nelle patrie galere, poi in quelle naziste.

Della nostra normalità facevano parte anche zia Ermelinda, la domestica a tutto servizio, nonna Alfonsa e nonna Xenia che arrivavano ogni tanto dalla Palestina.

Le fotografie delle nozze di Ada rimandano l'immagine di una famiglia solo un po' originale: matrimonio civile, la sposa in tailleur con la gardenia e un sorriso luminoso, mio padre ancora magro della guerra e senza denti, Giulia con lo sguardo un po' spaurito da cui non è mai guarita del tutto, una bimba di tre anni che sono io. Mia madre è ancora bella, ma i suoi occhi già affaticati.

Un'immagine di unità familiare destinata a durare poco: già un anno dopo Ada e il marito approdarono fortunosamente in Cecoslovacchia, e mia madre cominciò quel giro di cliniche nel quale avrebbe concluso la sua vita. Valdoni, l'Unione Sovietica, Losanna; di tanto in tanto tornava – era ben chiaro che ogni volta poteva essere l'ultima – e la famiglia riprendeva a essere tale: l'abete con le luci per Capodanno, il tavolo da pranzo bene apparecchiato accanto al salotto di velluto verde, mio padre meno asserragliato nel suo studio. Ma erano episodi, dunque quando morì per me era già morta da tanto, e la mia infanzia era avviata su binari che non prevedevano la sua presenza.

Lasciava dietro di sé un nome difficile (non una delle mie pagelle ne reca la grafia esatta); una fama di donna coraggiosa, innamorata di cose belle che mai, nella sua vita avventurosa, aveva avuto; di donna piena di gusto e sensibilità, capace come Rossella O'Hara di inventare un vestito con una tenda. E di pessima cuoca.

Mi piace pensare che gli involtini di cavolo – credo di tradizione slava – discendano da lei, ma non è affatto detto che sia così. Come incerte sono tutte le cose che mi sono giunte della sua vita.

POLLO ALLA SOIA

1 petto di pollo intero
2 cucchiai di Porto
2 cucchiai di salsa di soia
1 cucchiaio di maizena o di fecola di patate
2 pugni di germogli di soia
olio di semi

Apro completamente il petto di pollo, ricavandone alcune scaloppine molto sottili. Le faccio cuocere per due o tre minuti nell'olio caldo, quindi aggiungo la maizena sciolta nella salsa di soia mescolata al Porto. Lascio rapprendere a fuoco basso, aggiungo i germogli di soia, faccio cuocere ancora per non più di due minuti.

POLLO ALLE CASTAGNE

1 pollo intero
10-15 castagne
1 bicchierino di brandy
1 foglia d'alloro
burro, sale

All'interno del pollo – pulito, naturalmente – sistemo le castagne sbucciate, un buon pizzico di sale, il brandy, la foglia d'alloro sminuzzata.
Ungo l'esterno del pollo con il burro, cospargo ancora di sale, metto in forno a 250 gradi per un'ora circa, voltandolo di tanto in tanto perché si rosoli bene da tutti i lati.

POLLO ALLA VILLEROY

avanzi di pollo arrosto
besciamella densa
farina, uovo sbattuto
olio per friggere

Cerco di dare agli avanzi una forma regolare, piatta il più possibile. Li tuffo poi nella besciamella, che deve essere ben fredda, poi li passo nella farina e nell'uovo. Li friggo in olio abbondante: sono ottimi caldissimi, ma anche freddi.

POLLO AL SALE

1 pollo intero pulito
5 chili di sale grosso

Su un foglio di stagnola dispongo la metà del sale a fontana, con al centro il pollo che poi ricopro con altro sale, in modo da formare un blocco più o meno rotondo. Chiudo la stagnola, inforno a 250 gradi per due ore, tolgo la stagnola, rompo con il martello la crosta che si è formata.
Il pollo resta asciutto e sgrassato, e niente affatto salato.

POLPETTONE AL FORNO

1/2 petto di pollo aperto, a scaloppine
400 grammi di carne macinata
4 cucchiai di pangrattato
1 uovo crudo + 1 uovo sodo
prezzemolo tritato
1 spicchio d'aglio
1 carota
sale

Impasto la carne macinata con l'uovo crudo, il pangrattato, il prezzemolo e l'aglio tritati, il sale. Dispongo il composto su un foglio di stagnola, come una fetta larga, e alta circa un centimetro, su cui sistemo il petto di pollo, la carota, l'uovo sodo. Arrotolo questa specie di fetta in modo tale che tutti gli altri ingredienti restino all'interno, poi chiudo la stagnola e inforno a 220 gradi per un'ora.

Al tempo della mia adolescenza il termine "anoressia" non era ancora di moda, forse per questo quel periodo di digiuni non ha avuto conseguenze gravi. Ma ero comunque sempre magrissima (dalle fotografie di quel periodo emergono solo ginocchia, gomiti, piedi) e l'ultimo periodo di convivenza con i miei fu contrassegnato da un rifiuto del cibo radicale: vomitavo quasi tutto quello che mangiavo.

Il medico di famiglia diagnosticò colite e mi mise a dieta: niente grassi, niente pane... Capitò che la domestica andasse in vacanza per una settimana, nella divisione delle incombenze a me toccò, come altre volte, la cucina.

Cucinare mi piaceva. Sopratutto i dolci, le creme, montare il burro per le tartine: tutto ciò che sapeva di superfluo e di ricco. L'avevo fatto fin da piccola, e da grande tendevo sempre ad aggiungere un tocco in più (spesso anche di troppo) alla cucina di tutti i giorni.

Niente tocchi in più con la dieta, che determinava inoltre un'inconsueta vicinanza di cibo fra me e mio padre, il quale era a dieta perenne e i cui gusti erano, notoriamente e con regolarità, opposti ai miei: mia madre, che già non amava cucinare, aveva la condanna di sapere con certezza che se uno dei due avesse apprezzato una pietanza, l'altro l'avrebbe sicuramente dichiarata immangiabile.

Giulia, intanto, era convinta di dover dimagrire, e si trincerava dietro immensi piatti di insalata scondita.

Volevo dimostrare (non so se a mio padre, a mia madre, a chi) che sapevo cucinare bene: anche senza grassi.

Il primo giorno preparai il pollo al sale, che portai in tavola con aria di sfida.

Mangiò parlando d'altro, senza commentare. Poi, alla fine:

«Non è male, somiglia al pollo al cartoccio che faceva mammà».

Aspettavo con il fiato sospeso.

«Però...» meditava con la forchetta a mezz'aria, e quel "però" incombeva come una spada di Damocle, abituale condanna anche di tutti gli sforzi culinari di mia madre. «Però manca qualcosa... ecco, dovevi metterci magari un battuto di aglio...»

Odiavo l'aglio, odiavo i però.

Avevamo un giardino, era estate, spesso mangiavamo all'aperto. Trascorsi il secondo giorno del mio turno di cucina a raccogliere pigne e rami secchi, verso sera feci il fuoco e preparai la brace. Feci marinare le bistecche, ci misi anche uno spicchio d'aglio: non volevo altri però.

Andammo a tavola, l'obiezione arrivò puntuale: il sale, quante volte te lo devo dire, va messo dopo, sennò la carne si indurisce... Trangugiavo aglio e rabbia. Il terzo giorno rischiai grosso, fu quasi una provocazione: preparai le zucchine ripiene al modo di mia nonna, di quella "mammà" che sapeva cucinare poche cose, a mia memoria, ma la cui arte culinaria era comunque – nel ricordo di mio padre – insuperabile. Il però arrivò ancora una volta, non ricordo più a quale proposito: mangiai con falso appetito, puntigliosa, pensando che le mie erano molto più buone delle zucchine di mammà e non avendo il coraggio di dirlo.

La notte ebbi una colica e vomitai tutto: forse l'olio delle zucchine, suggeriva Giulia tenendomi la testa mentre vomitavo, impotente e addolorata, incapace di mediare fra affetti che la laceravano.

La mattina dopo, stremata e con gli occhi pesti, mi accinsi al quarto giorno di cucina.

Consultai tutte le guide gastronomiche che c'erano in casa, cercando di prevenire i però: tutta la mia vita, sotto lo sguardo di mio padre, diventava un immancabile però, e ogni mio atto di autonomia, di libertà, di intellettualità si scontrava con il suo furore, o con un sorriso di sufficienza. In età più verde aveva sempre già fatto, e meglio, qualunque cosa io tentassi di fare: gli studi, i rapporti sentimentali, la politica, perfino la cucina (odiavo tenacemente il sugo alla napoletana, il suo vantato e semplicissimo pezzo di bravura con il quale a tutt'oggi non mi sono ancora riconciliata).

Forse avrebbe voluto soltanto che percorressi strade diverse dalle sue, ma evitare di sconfinare nei suoi territori non era facile: aveva fatto e sapeva tante di quelle cose. E allora non mi restava che sconfinare, sconfinare in continuazione: nella scelta degli esami universitari, nel fare politica con altri occhi, nel preparare le zucchine di mammà.

Quel quarto giorno del mio turno di cucina decisi – non so se consapevolmente o no, per paura o per coraggio – di non sconfinare.

Preparai un impasto per polpette (senza parmigiano altrimenti mi avrebbe detto che sapeva "di vacca morta"), lo stesi sul foglio di alluminio, ci poggiai sopra carota, uovo sodo, petto di pollo. Lo arrotolai, lo misi in forno, e il tempo di cottura trascorse in sogni di gloria e di rivincita.

Lo lasciai freddare, lo tagliai con cura.

Davanti a quelle fette il cuore mi mancò: somigliavano ad una galantina, al famoso pollo ripieno di mammà.

Ormai era fatta: il mosaico di carota, uova sode, pollo e manzo faceva bella mostra di sé sul piatto da portata, non c'era verso di camuffarlo. Misi perfino dei ciuffi d'insalata per guarnire, portai in tavola come al patibolo.

«Buono» fece mio padre. «La ricetta dove l'hai trovata?»

«Me la sono inventata» risposi senza esitare.

Troppo sconfitta per essere come di consueto provocatoria chinai il capo, pronta a una gragnuola di però.

«Proprio buono» concluse mio padre.

Andai in camera mia, piansi tutte le mie lacrime.

ZUCCHINE RIPIENE

8 zucchine piuttosto grosse
400 grammi di carne tritata
1 uovo

3 cucchiai di pangrattato
1 cucchiaio di parmigiano
1 cucchiaio di prezzemolo tritato
1 spicchio d'aglio tritato
olio, sale

Taglio a metà le zucchine nel senso della lunghezza e le svuoto togliendo delicatamente l'interno (che può essere utilizzato ad esempio per una frittata). Amalgamo bene carne, uovo, pangrattato, parmigiano, aglio, prezzemolo e sale, e con il composto riempio le zucchine, che dispongo in una teglia con abbondante olio sotto e sopra. Faccio cuocere in forno medio (220 gradi) per circa un'ora. Da mangiare tiepide o fredde.

POLPETTE CON GLI ODORI

400 grammi di carne tritata
3 cucchiai di pangrattato
2 cucchiai di parmigiano grattugiato
1 uovo
2 coste di sedano
2 grosse cipolle
3 carote medie
1 mazzetto di prezzemolo
olio, sale

Mescolo bene la carne tritata, l'uovo, il parmigiano, il pangrattato. In una teglia larga metto a soffriggere con abbondante olio gli odori tritati grossolanamente, aggiungendo le polpette quando le cipolle cominciano a imbiondire. Faccio cuocere a fuoco lento, aggiungendo eventualmente un po' di vino bianco per bagnare.

POLPETTINE AL CURRY

400 grammi di carne macinata
4 cucchiai di pangrattato
2 cucchiai di parmigiano
1 uovo
2 grosse cipolle
curry
1 cucchiaio di maizena o di fecola di patate
1 bicchiere di brodo
olio, sale

Impasto la carne, il pangrattato, il parmigiano, l'uovo, il sale, un primo pizzico di curry, formando delle polpettine poco più grandi di una nocciola. Soffriggo insieme le cipolle tritate grossolanamente e le polpettine, poi faccio amalgamare la farina e aggiungo il brodo, insieme a quattro o cinque pizzicate di curry. Lascio cuocere piano per una mezz'ora.

PEPERONI RIPIENI

8 peperoni non grandi, gialli e rossi
300 grammi di carne macinata
1 uovo
1 panino all'olio raffermo
1 bicchiere di latte
1 spicchio d'aglio
prezzemolo, basilico
olio, sale

Bagno il pane nel latte caldo, lo strizzo bene, lo impasto insieme alla carne, l'uovo, l'aglio il prezzemolo e il basilico tritati, il sale. Svuoto i peperoni, togliendo picciolo e semi e facendo bene attenzione a non romperne l'involucro. Dopo averli leggermente salati li riempio circa per metà con il composto, al quale ho aggiunto anche qualche minuscolo pezzetto di peperone.

Salo i peperoni anche all'esterno, li dispongo in una teglia con abbondante olio, li cuocio in forno a 220 gradi per una quarantina di minuti, voltandoli una o due volte durante la cottura.

Che brutti, complessivamente, i rapporti fra noi sorelle. Impasticciati: Ada potrebbe essere mia madre, Micol mia figlia. Giulia e Stefania hanno cercato con me rapporti in cui le ho sempre deluse.

L'una con l'altra (mai tutte insieme) abbiamo periodicamente tentato di tessere legami più stretti, e binomi fondati su una madre comune hanno dato qualche risultato: Ada-Giulia, Stefania-Micol.

Credo dipenda dalla mia posizione intermedia (equidistante per età e affetti, una prossimità che non diventa mai toccarsi) la sensazione che queste radici, questi legami non mi appartengano né mi garantiscano. Avere avuto due madri non significa un affetto raddoppiato, avere quattro sorelle non vuol dire una grande famiglia. L'unica strada che riesca a percorrere è quella del rimpianto tenuto a bada, una pratica di rassegnazione quotidiana da cui cerco di allontanare rabbie e rancori.

Di Micol però non riesco ad accettare, cerco ancora sbocchi benché li preveda impossibili (Anche chiamarla Micol è per non arrendersi, ancora un tentativo di appropriarmi di lei: il suo nome è un altro, quando è nata mio padre iscrisse all'anagrafe ben cinque nomi – il massimo consentito dalla legge – ma non questo nome biblico, indicato da me che potevo permettermi di essere soltanto fiera e curiosa delle nostre radici.

Ebreo e marxista, una necessità implacabile e lacerante

di coerenza gli imponeva non solo il rifiuto del sionismo, ma addirittura di essere il primo firmatario di un'interpellanza parlamentare contro lo Stato d'Israele. Ma accanto c'era l'uso ironico e commosso che faceva di certi termini del ghetto, ad esempio quando diceva di qualcuno "è proprio un negro di canapetta", così *negritudine* era sempre una parola ambigua, sospesa tra i movimenti di liberazione e il giudaico-romanesco.

Micol è piena di ricci, ha gli occhi larghi e il corpo dolce e atletico di una soldatessa sabra: il primo a definirla – compiaciuto – "la giudiòla di casa" è stato nostro padre).

Quando è nata ero già grande, troppo per esserne gelosa. Aveva un padre come un nonno e una madre assorbita dai mali di lui: badarla mi costò poco, c'era il fascino di giocare a madre e figlia.

Micol era gracile, il biberon durava ore e poi la distendevo su di me, pancia nuda su pancia nuda, perché era sempre fredda, poco vitale, nata fuori tempo in un momento difficile della vita di noi tutti: mio padre appena reduce da un infarto, lo tenevano a morfina, aveva lo sguardo appannato e non si doveva contraddirlo.

Cessò momentaneamente l'emergenza che aveva tenuto lontana mia madre, Micol tornò a lei di diritto. La gelosia di figlia diventò gelosia di madre. Cercavo di mantenere con lei un rapporto speciale, di coccolarla, di ingraziarmela. Aveva il sonno difficile, a volte la portavo nel mio letto.

Quando andai via di casa l'unico dolore grande fu per lei. Aveva tre anni, anche grazie a me era diventata morbida e paffuta. Mi sembrò di abbandonarla in un terreno ostile, comunque avevo paura che mi dimenticasse.

Nelle case dove abitai Micol per lungo tempo non volle venire, diffidava. Quando finalmente arrivò avrei voluto prepararle un pranzo speciale, fui costretta alla pasta al burro, all'haché di vitella, alla banana: per le difficoltà di nutrizione degli inizi (e per altro, suppongo) rimaneva ancorata a cibi semplici, monotoni, il massimo che si potesse ottenere era che assaggiasse di tanto in tanto – come una medicina, con smorfie di disgusto – qualcosa di nuovo.

Un'emergenza mi richiamò in casa dei miei: mia madre di nuovo assente, io con mio padre e Micol, che si ammalò. Le facevo frizioni sul torace, aveva un buffo corpo da dodicenne né carne né pesce, la schiena da maschio, la pancia infantile, di nuovo la imboccai quando la febbre la abbatteva. Di nuovo fra noi un rapporto di fisicità, non so quanto si fidasse di me. Il medico di famiglia veniva quasi ogni giorno, non sapeva che pesci prendere e diceva: vedi come è difficile fare la madre.

L'emergenza finì, passai le consegne alla madre legittima, tornai nella mia casa ancora di donna sola. Micol di nuovo lontana, dovevo andarla a trovare io in mezzo alla famiglia, quasi mai accettava di avventurarsi con me. Unica sua passione i gianduiotti, gliene regalavo ogni volta che potevo.

Mia madre proseguiva con pazienza la sua opera educativa: assaggiando assaggiando, l'orizzonte alimentare di Micol cominciò ad ampliarsi. Piccoli passi, sempre con cibi sostanzialmente insipidi: patate, pollo, zucchine.

Adulta, con grande fatica un giorno cominciò a parlarmi di sé: forse aveva pensato che potevo esserle sorella. Mise nelle mie mani una sofferenza fatta di nodi antichi e recenti dolori: il diaframma di cui si circonda improvvisamente caduto, era nuda e inerme e ferita. Lei su una poltrona io sul divano forse eravamo finalmente un po' insieme, parlammo dei modi possibili per vivere.

Per pranzo avevo i peperoni ripieni, sapore troppo deciso perché mi venisse in mente di proporglielo. Non si fermò a mangiare ma volle assaggiarli: le piacquero.

E forse eravamo davvero un po' sorelle quando, tornata a casa, me ne chiese la ricetta.

POLPETTONE DI ORTICHE

1 mazzo di ortiche
400 grammi di carne macinata magra
1 litro di brodo
1 tazza di maionese

Faccio bollire nel brodo ortiche e carne, metto a scolare. Strizzo bene il composto, lo dispongo su di un piatto in forma di polpettone. Quando è ben freddo ricopro con la maionese.

Quando andai via di casa era tutto semplice: da una parte l'università, la famiglia, l'oppressione, il non farcela più, la paura; dall'altra il lavoro, dei rischi, respirare aria nuova.

Guadagnavo poco, mangiavo tutto quello che mi capitava sotto mano (dalle pasticche per la tosse alle bustine di zucchero rubate al bar), non ebbi più coliche pur nutrendomi di scatolette, la libertà mi fece ingrassare: il mio corpo di gomiti e ginocchia cominciò ad addolcirsi.

All'inizio fu la camera ammobiliata a Trastevere, con la padrona di casa sorda che mi riempiva la stanza di uccelli finti nelle gabbiette dorate e mi proibiva di usare l'acqua calda. Nelle lunghe camminate a piedi per risparmiare sull'autobus scopersi che il cielo non serve solo a capire se è necessario o no l'ombrello.

Paola aveva i capelli rossi, qualche anno più di me; in mezzo a colleghe che guardavano alla mia scelta con sospetto la accettò invece come normale. Sua madre era morta da poco, il padre si risposò, lei mise fuori genitore e matrigna e rimase padrona della casa, in cui mi ospitò.

La mattina uscivamo insieme sulla fatiscente "Bianchina", mi insegnò a sciacquare bene le posate, a risparmiare sul parrucchiere, e sopratutto a sfruttare e rendere commestibile qualsiasi avanzo: una cosa che non ha ancora smesso di essermi utile, e che in seguito definii "cucinare angoli di tavolino".

A fine mese, quando le nostre finanze erano allo stremo, la pastella per friggere era una grande risorsa: la utilizzavamo per le bucce di parmigiano come per invisibili residui di verdura.

Con lo stipendio in mano ci concedevamo un pomeriggio al supermercato; giravamo giravamo, alla fine compravamo poco ma sempre una frivolezza, un inutile cibo costoso per rendere tollerabile tutto il resto: un tubetto di pasta di salmone, i cracker al formaggio, un po' di panna.

In cucina ci davamo il turno, o meglio ci cucinavamo a vicenda, era un linguaggio comune. Preparare il polpettone, ad esempio, non era soltanto mettere insieme gli ingredienti, significava anche il ricamo di prezzemolo, carote e olive sulla maionese. E avere una buona ragione per fughe negli ultimi campi della periferia, in cerca di erbe e vacanza.

Parlavamo delle nostre madri. La sua adolescenza mi appariva diversa e invidiabile, le conferiva una forza che non avrei avuto mai. A fronte della mia famiglia totalmente assente, Paola alimentava sapientemente i sensi di colpa del padre, che le faceva i regali frivoli cui aspiravo.

Un giorno squillò il telefono, stavo dormendo:

«Ciao, tesoro mio, sono papà, come stai?».

Intontita dal sonno ebbi un attimo di illusione felice, poi mi alzai e andai a chiamarla.

BOLLITO IN SALSA VERDE

600 grammi di copertina
1 osso (ginocchio)
2 dadi da brodo
2 carote
1 costa di sedano
1 cipolla
1 chiodo di garofano

Per la salsa verde:

1 mazzetto di prezzemolo
un pugno di capperi sotto sale
1 spicchio d'aglio
2 cucchiaini di pasta d'alici
olio

Metto a cuocere in acqua bollente la carne e gli odori (il chiodo di garofano infilato nella cipolla). Preparo intanto la salsa verde, tritando finissimamente l'aglio, il prezzemolo e i capperi lavati; metto il tutto in una coppetta, aggiungo la pasta d'alici, comincio a versare l'olio mescolando e come montando, quasi per una maionese.
Prima di portare in tavola lascio freddare il bollito quasi completamente.

BOLLITO GUARNITO

400 grammi di copertina
1/2 pollo
1 osso (ginocchio), nervetti
2 dadi da brodo
2 carote
1 costa di sedano
1 cipolla, con infilato 1 chiodo di garofano
2 chiare d'uovo
1 bicchierino di marsala secco
2 o 3 fogli di colla di pesce

Per guarnire:

uova sode
maionese

olive, sottaceti, capperi
carote crude

Metto a cuocere in acqua fredda la copertina, l'osso, i nervetti, gli odori, i dadi. Dopo un'ora di ebollizione nella pentola a pressione aggiungo il pollo, e lascio cuocere ancora per una ventina di minuti. Separo la carne dal brodo, che metto a freddare in frigorifero.

Trascorse alcune ore tolgo lo strato di grasso formatosi sul brodo, che è già ben denso. In un tegame batto le chiare, aggiungo il marsala, incorporo il brodo-gelatina, metto sul fuoco continuando a battere con la frusta di ferro, unisco anche la colla di pesce ammorbidita in acqua tiepida. Quando la chiara si rapprende e viene a galla passo attraverso un panno la gelatina, che è pronta per essere utilizzata.

Faccio a pezzettini il pollo e la copertina, togliendo grasso ossa e pelle, e comincio a sistemare carne, sottaceti e maionese sul fondo di una teglia abbastanza larga. A composizione ultimata verso sopra la gelatina ormai tiepida, e metto in frigorifero per almeno due ore.

Subito prima di portare in tavola, scaldo appena la teglia a bagnomaria (ma solo l'attimo necessario perché la gelatina cominci a staccarsi dal contenitore) e verso su un piatto largo da portata.

A casa di Aldo e Maria il menù era fisso, pastasciutta scotta e ascetiche frittate insapori: il massimo di economicità, il minimo tempo in cucina, servire il popolo era adeguarsi ai suoi standard più bassi e incolti, una norma che il gruppo non osava porre in discussione.

A casa mia avevo smesso di proporre prelibati manicaretti: tutti mangiavano di gusto, ma Aldo bollava il mio essere borghese.

Alla contrapposizione frontale con lui ancora non pensavo, solo cercavo alleanze anche vili, tentavo di tirare Massimo dalla mia parte senza riuscire a incidere nella solidarietà maschile che li legava.

Di me Aldo apprezzava l'autonomia, io volevo che mi amasse, mi rifiutava proclamando che a lui le donne interessavano solo se molto belle o molto militanti: per me dunque non c'era spazio, unica possibilità la mediazione.

Feci sparire i formaggi francesi, il vino buono, il pane ricercato; il bollito costa poco, pensai che fosse accettabile. I colori dei sottaceti, i ricami di maionese lo rendevano tollerabile per me.

Aldo disse:

«Devi averci perso tutta la giornata».

Mangiammo, nessuno commentò i sapori.

Poi tentativi abortiti di parlare, non ero l'unica ormai ad avere voglia non soltanto di politica: invece della consueta disamina degli eventi mondiali ci mettemmo a cantare. I canti di lotta sapevamo cantarli insieme, il piacere della musica fatta in tanti, c'erano a volte controcanti riusciti.

Ma *Contessa* sentivamo di non poterla cantare più, suonava stridente e lontana nella storia; scivolammo in un revival anni Sessanta, l'impossibilità del progetto sul quale avevamo puntato era già chiara nei cori sgangherati che ci risucchiavano indietro.

STRACOTTO AL DRAGONCELLO

600 grammi di pannicolo di manzo in piccoli pezzi
1/2 bicchiere di vino bianco
1/2 bicchiere di aceto aromatico
1 cucchiaino di dragoncello fresco o secco
1 spicchio d'aglio
olio, sale

Dopo aver fatto soffriggere nell'olio l'aglio schiacciato aggiungo la carne, che faccio cuocere a fuoco vivo per una decina di minuti, in modo che si rosoli leggermente. Aggiungo poi il dragoncello, il vino, l'aceto e il sale, e lascio cuocere con il coperchio per almeno un'ora.

Ero di turno per il pranzo all'asilo di via Forlì. La carne era delle migliori, il sugo denso al punto giusto; rimiravo soddisfatta i quaranta bambini che masticavano e persino inghiottivano, cosa niente affatto scontata. Mi chiesero cosa fossero i pezzettini d'erba nel sugo e incautamente dissi "dragoncello": serpeggiò fra i tavoli come una scossa elettrica, sembrava che per ogni bambino avessi evocato quel drago suo personale che lo spaventava ogni notte.

Cominciarono ad alzarsi, agitati.

Carlo restava seduto, serio e concentrato; sperai che avrebbe continuato a mangiare, e che il suo esempio sarebbe servito a riportare un qualche ordine.

Come mi sbagliavo. Carlo volse su di me uno sguardo adulto e addolorato: i draghi erano suoi amici, mi disse, gli unici su cui potesse contare a parte le astronavi, dunque non se ne sarebbe mai nutrito, non era un cannibale.

Nessuno mangiava più, l'affanno e l'esperienza dei maestri sembravano impotenti a recuperare la situazione. Mi venne in mente di dire che il dragoncello è un'erba *anti-drago*. Ci facemmo sopra una canzone, piano piano li convinsi e ripresero a mangiare.

Tutti tranne Carlo: difendeva il suo drago, non voleva mandarlo via, il dolore nei suoi occhi era qualcosa di tangibile e inaccessibile allo stesso tempo.

Rifiutò anche il dolce: se ne andò da solo in giardino in cerca del Lupo Feroce, un altro suo amico del cuore.

STRACOTTO AL LATTE

600 grammi di pannicolo di manzo in piccoli pezzi
1 bicchiere di aceto
1/2 litro di latte
1 cucchiaino di dragoncello fresco o secco
1 spicchio d'aglio
olio, sale

Faccio soffriggere nell'olio l'aglio tritato, unisco la carne che faccio rosolare. Dopo una decina di minuti aggiungo il latte, l'aceto, il dragoncello, il sale e faccio cuocere con il coperchio, a fuoco basso, per almeno un'ora, facendo eventualmente ritirare il sugo all'ultimo momento se fosse rimasto troppo liquido: deve avvolgere la carne come una crema.

STRACOTTO AL GINEPRO

600 grammi di pannicolo di manzo a pezzetti
1/2 bicchiere di aceto
1/2 bicchiere di vino bianco
8 bacche di ginepro
1 spicchio d'aglio
olio, sale

Soffritto l'aglio faccio rosolare la carne, unendovi le bacche di ginepro schiacciate. Dopo dieci minuti aggiungo vino e aceto, poi cuocio con coperchio per un'ora. Il sale, soltanto negli ultimi dieci minuti.

ARROSTO CON LE CIPOLLE

700 grammi di magro di vitella
1 chilo di cipolle

1 bicchiere di vino
1 bicchiere di brodo
olio, sale

Taglio grossolanamente le cipolle e le faccio imbiondire in parecchio olio. Unisco la carne e la faccio rosolare, cominciando poi a bagnarla alternamente con il brodo e il vino fino a cottura ultimata (un'ora e mezza circa, a fuoco non troppo mite).

Nell'estate dei quindici anni mi suicidai per la prima volta. Quando ero in clinica mia madre pianse, un lusso che le ho visto concedersi non più di quattro volte in trent'anni.

Dopo la lavanda gastrica e le flebo d'uso mi fecero una predica, mi dissero dei rischi scampati solo miracolosamente di avere a che fare con polizia e neuro, poi mi mandarono al mare con due sorelle, una maggiore e l'altra minore (Durante il mese vennero per una giornata mio padre e mia madre, Micol nel porte-enfant aveva pochi mesi. Avendo sempre amato i gadget tecnici mio padre si era comprato una cinepresa; come spesso gli accadeva un amore non ricambiato, sbagliò completamente l'esposizione e venne fuori un filmino tutto virato e bellissimo: Micol accucciata sulla mia spalla, un rapporto sospeso in tonalità dall'arancione al rosso, reale perché falsato).

Credo che – come sempre – il motivo apparente del mio disagio fosse un amore infelice (un amore felice, per esempio un'amicizia amorosa che sta ormai avviandosi ai cinque lustri, è qualcosa di cui in fondo c'è assai poco da dire).

Corroborata dallo iodio la mia sana fibra reagì, e mi innamorai riamata di Francone: un compagno di scuola, un amore senza sofferenza.

Alto, un po' pingue, già in quarta ginnasio doveva radersi tutti i giorni; i professori lo trattavano con la vaga alterigia riservata ai ripetenti finché non dichiarava, con la data di nascita, il suo essere perfettamente in regola con la frequenza. Aveva braccia grandi e morbide, un buon baluardo contro il mondo.

Insieme in spiaggia, insieme in pattino, insieme ad affrontare il mare in tempesta sul molo attorno al castello. Insieme prendemmo una secchiata d'acqua o altro una sera che, addossati al muro di una casa, ci abbandonavamo a effusioni sconvenienti per quegli anni: a casa mia – Giulia e Stefania a spasso da qualche parte – Franco asciugò i pantaloni col ferro da stiro, pudicamente avvolto nel mio kimono blu che non arrivava a coprirgli il ginocchio.

Può darsi che io lo abbia fatto soffrire; come altre volte ero troppo impegnata nella mia sofferenza per essere capace di occuparmene.

In una scuola dominata dalle organizzazioni di destra e dall'oratorio ci accomunava l'essere confusamente comunisti. Progettavamo un giornale che poi fu «Ulisse», a luglio avevamo fatto le prove di stampa con il ciclostile a spirito di mio padre. Per tutti noi il sesso era un progetto nebuloso, modulato sulle note di *Scandalo al sole*, potevamo permetterci di viverlo senza violenza. I nostri sogni di autonomia si limitavano a una casa da cui i parenti venissero fatti scomparire per alcune ore, e questo fu l'obiettivo nell'organizzare la mia festa di compleanno: un pranzo cucinato da noi (la cena già un'ipotesi impensabile, il rientro per le otto era una consegna rigida anche per i maschi) con invitati altri compagni di scuola in vacanza nei dintorni.

Prima di cancellare la sua presenza mia sorella Giulia ci preparò un arrosto: la sua carriera di cuoca era sempre stata vista con scarsa fiducia, in famiglia, ma l'arrosto con le cipolle l'aveva già collaudato varie volte. Mi raccomandai che fosse un po' bruciacchiato, come piace a me, poi la espulsi da casa con l'ordine tassativo di non rientrare prima di sera. Giulia si allontanò verso il centro-città con Stefania per mano, promettendole giostre e gelati.

Cominciò la laboriosa preparazione della purée di patate che avrebbe dovuto accompagnare l'arrosto (il mucchietto di purée a fontana, al centro pezzettini di carne e sugo).

Giornata piena di peripezie. Pretendevamo tutti di conoscere ingredienti e dosi, ma in vari momenti disperai del buon esito: guardavo al tegame di smalto verde che racchiudeva l'arrosto come all'unica garanzia certa di compleanno.

La purée ci prese l'intera mattinata, alla fine riuscimmo a venirne a capo. Non restava che da affettare l'arrosto. Alzai il coperchio e mi trovai di fronte a una sorta di tronchetto carbonizzato: per affetto, per insicurezza, per quel diaframma che sempre ci divide, Giulia aveva preso molto sul serio la mia voglia di bruciaticcio.

Il sugo era salvabile: Francone tagliò grosse fette di pane casareccio, fu un bellissimo compleanno.

VITELLO TONNATO

700 grammi di girello o campanello di vitella
2 cipolle medie
1 pugno di capperi sotto sale
4 acciughe pulite
1 bicchiere di vino bianco
1 bicchiere d'aceto
300 grammi di tonno sott'olio
1 tazza di maionese

Tranne la maionese, metto tutti gli ingredienti insieme, a freddo, nella pentola a pressione, e lascio cuocere per un'ora. Mettendo da parte la carne, faccio poi ritirare il brodo di cottura (ne deve rimanere pochissimo) e passo il tutto al setaccio. Lascio riposare insieme alla carne per ventiquattr'ore, poi affetto la carne e la ricopro con la salsa, in cui ho incorporato la maionese.

Il ristorante della stazione di Bologna non era meno squallido di tutti i suoi omologhi. Con mio padre mangiavamo in silenzio: era irritato con me perché, dopo essere andata a trovare un'amica, ero arrivata in ritardo all'appuntamento con lui. Oppure era stanco perché tornava da un comizio di campagna elettorale, una di quelle fatiche che i medici gli avevano proibito e che lui continuava ad affrontare.

Il menù, con le grasse suggestioni della cucina emiliana, mi attirava poco; in basso, scritto a mano, c'era *vitello tonnato*: se avessi letto "vitel tonné" non l'avrei mai preso, il mio snobismo filo-francese me lo avrebbe impedito.

A Roma costrinsi mia madre a numerosi tentativi, ma ci vollero anni, prove ed errori e collazioni di ricette, per tornare al sapore di Bologna, che alla fine ho raggiunto da me, per caso, un giorno in cui non avendo vino a sufficienza ho usato una parte di aceto.

Il vitello tonnato non è l'accozzaglia di sapori generalmente ammannita nei ristoranti (residui di arrosto rinseccolito ricoperti di maionese con lontano sentore di tonno); è un equilibrio aureo, un concerto in cui le note debbono avere ciascuna la propria precisione.

Lo preparai la prima volta che ebbi a pranzo i miei futuri suoceri. Lui mangiò con sospetto (non sapevo ancora della sua radicata diffidenza per le innovazioni gastronomiche), alla fine disse:

«Però, non è cattivo».

Anche lui aveva – ha – i suoi però: diversi, anche quando mi irritano riescono a farmi una qualche tenerezza. (Mio padre esorcizzava con i però i sentimenti, schiacciandoli sotto il Partito o la Storia, magari la Storia dell'alimentazione. Fuggito a dodici anni da matrigne e campagne ingrate, per mio suocero i cibi della moglie-madre, che definisce con nomi di fantasia, sono la sicurezza, la sua impacciata, inerme difesa dal mondo).

POLPETTONE DI TONNO E PATATE

300 grammi di tonno sott'olio
300 grammi di patate lesse
1 spicchio d'aglio
2 cucchiai di prezzemolo tritato
1 tazza di maionese per guarnire

Schiaccio e mescolo energicamente il tonno, le patate, l'aglio tritato finissimo, il prezzemolo. Do all'impasto la forma di un pesce, e lo ricopro poi con la maionese.
Ricami e guarnizioni dipendono dall'estro, dalla voglia, dal tempo a disposizione.

POLPETTONE DI TONNO

300 grammi di tonno sott'olio
2 uova
3 cucchiai di parmigiano
il succo di 1 limone
2 cucchiai di pangrattato

Mescolo insieme tutti gli ingredienti, che avvolgo poi a salsicciotto in un tovagliolo legato ai due bordi. Faccio cuocere in acqua bollente salata per un'ora, quindi scolo e faccio freddare con sopra un piccolo peso (la tavoletta per tritare gli odori, un ferro da stiro-giocattolo). Servo con maionese e capperi sotto sale.

A Natale Massimo e io stavamo insieme da poco tempo. Dunque il fatto che per tre giorni scomparve quasi del tutto mi colpì come qualcosa di inesplicabile. Ma avevo ancora abitudini di autonomia: un pranzo dai miei, per il resto non ebbi difficoltà a organizzarmi.

L'anno dopo il rapporto con Massimo era ormai ufficiale: i suoi non sapevano come presentarmi ("la fidanzata di Massimo" suonava male anche a loro, per me era intollerabile), comunque fui invitata.

Fu uno choc, e subito la battezzai "la tregiorni": un tempo infinito in cui si mangiava, si giocava a carte, poi ancora cibo e ancora carte, senza soluzione di continuità, senza quasi nemmeno dormire, dal cenone della vigilia all'intera nottata di Santo Stefano.

Mi sembravano tutti matti: fratelli cugini zii e nipote costretti sotto lo stesso tetto, un rito patriarcale che dava rilievo a vecchie ferite e rancori recenti.

L'intolleranza crebbe con il passare degli anni: eravamo sempre più numerosi (seppure controvoglia, mi mettevo anch'io nel novero), il menù era incrollabilmente identico da un anno all'altro, mia suocera non modificava il suo fritto, che perdeva definitivamente le sue qualità nel riproporsi freddo gelato da un pasto all'altro, e anche fra i giochi di carte.

Stesso luogo, stesse persone, stesso menù: non sono abituata ai riti, e quello mi sembrava per di più svuotato di qualunque funzione. La famiglia (quella calda e avvolgente che non avevo mai avuto, che pure in qualche modo avevo invidiato, dalla quale comunque ero fuggita) mi veniva riproposta in tutta la sua soffocante ferocia, con ruoli impressi a fuoco nella carne di ciascuno: i genitori depositari del potere anche quando i figli hanno più di trent'anni. Massimo sempre e comunque figlio e nient'altro, dove finivamo noi come persone?

Mi tenevo ai margini, mi chiamavo fuori, preoccupata

di garantirmi da quel magma in cui avrei perso contorni e fisionomia. Mi rispettavano, dubito che potessero amarmi.

La mattina di Natale per i doni, e poi a pranzo, continuavo ad andare dai miei: il clima un po' algido mi appariva corroborante e distensivo a fronte di quello che mi aspettava dall'altra parte. Ritenevo che la mia famiglia, contrariamente all'altra, mi avesse lasciata libera di camminare sulle mie gambe.

Ci fu un Natale senza il patriarca, che era in ospedale, e anche per me fu percepibile la mancanza della sua autorità: orgoglioso della sua forza come tutti quelli della sua specie, cominciavo però ad apprezzarne la generosità, capace di inquietarsi delle debolezze altrui. Dunque la massa cominciava ad assumere forme, cominciavo ad esempio a vedere che mia suocera, con il suo affannarsi culinario, tentava di arginare l'avanzata disgregante e volgare di coppie chiuse in un loro privato nevrotico e immorale.

Ma rifiutavo tenacemente l'assimilazione, tentai di batterli trasferendo per una volta la tregiorni in casa mia: me l'hanno lasciato fare, tranquilli della loro forza. Hanno perfino consentito che inserissi il mio polpettone di tonno nell'inamovibile e consolidato menù. Mia suocera cambiò posto a tutte le pentole posate e piatti di casa, per trovare qualcosa ero costretta a chiedere a lei.

Capii che cominciavano ad amarmi, e a considerarmi una di loro: però quel loro affetto era troppo invadente, troppo caldo, troppo protettivo, e io ci tenevo come alla vita al mio essere forte e autonoma e intellettuale e atea. Diversa.

Le loro ragioni le ho capite via via, con fatica, strada facendo. Perché la loro catena di solidarietà e di affetto non è poi tanto diversa da quell'interesse per il mondo che mi ha fatto rifiutare famiglia e coppia, per arrivare poi a capire che anche queste ne fanno parte, che per aprirsi alla chioma non è necessario tagliar via tronco e radici.

Avevano ragione. Lo so da Tommaso, per il quale la tregiorni è il grande avvenimento dell'anno, forte di calore malgrado screzi e consumismo. E lo so da me, perché quando le malattie dei patriarchi hanno incrinato il rito mi sono incaricata io del cenone: con il polpettone di tonno, naturalmente, ma anche con il fritto, e con tutti gli altri piatti inderogabili del solito, immodificabile menù.

SALSICCE CON I PEPERONI

6 salsicce
4 peperoni
1 spicchio d'aglio
olio, sale

Pulisco i peperoni e li taglio a striscioline. Li metto a cuocere in olio caldo (in cui ho già fatto soffriggere l'aglio) insieme alle salsicce tagliate in due o tre pezzi. Tempo di cottura: venti minuti.

Da Reggio Calabria mi invitarono a cantare in una Festa dell'Unità della provincia.

Esitai molto: era il 1973, i miei rapporti mai facili con il Partito erano andati sempre più rarefacendosi. Poi mi sembrava che il tempo delle canzoni fosse finito in generale, e che nessun dialogo fosse comunque possibile con il partito di Gramsci-Togliatti-Longo-Berlinguer – e di mio padre.

Alla fine accettai: perché mi pagavano, perché ero curiosa di vedere un paese della Sila.

Viaggiai di notte. A Reggio, la mattina, insonnolita ripassai il programma incollato sulla chitarra: un'ora di canzoni sulla condizione femminile, sui manicomi, sulla strage di Stato.

Il compagno di Reggio mi caricò in macchina e partimmo: su su per strade di montagna masticando caramelle di ribes per la voce, fino a un murale che segnava l'ingresso al paese.

Mi ero immaginata un comune bianco in cui la Festa dell'Unità fosse cosa pressoché clandestina, mi ritrovai in una comunità che celebrava la propria festa in un mare di bandiere rosse: almeno una a ogni palo della luce, a ogni vaso alle finestre. Le donne stavano sulle porte con banchetti di cibi e bevande da condividere.

Il sindaco mi accompagnò vicino al palco.

Gli uomini erano tutti lì, nella piazza a semicerchio chiusa tra le case. Lo spettacolo era già cominciato: un gruppo di musica leggera suonava nell'indifferenza generale. Finché non arrivò la cantante: certo non straordinaria, ma nemmeno così incapace da giustificare il finimondo che immediatamente si scatenò.

La ragazza – giovane, in pantaloni – cantò coraggiosamente, tra i fischi, un paio di canzoni. Poi rinunciò: la piazza era in tumulto, volavano insulti, anche le donne cominciavano ad affacciarsi ai bordi della piazza con facce severe.

Pensai che quel paese così politicizzato rifiutava la musica di consumo bieca espressione del Capitale, e non mi preoccupai: continuai a ripassare mentalmente accordi e versi delle mie raffinate canzoni su ospedali psichiatrici, condizione femminile, strage di Stato.

Il tumulto non accennava a sedarsi malgrado la ragazza e il suo gruppo fossero ormai scomparsi. Cercai con gli occhi il sindaco, pronta a salire sul palco con la sicurezza di un discorso politico chiaro, seppure non proprio esattamente nella linea del Partito.

Il sindaco prese il microfono invitando alla calma senza troppo successo; sceso dal palco spintonò tre o quattro personaggi particolarmente rumorosi con cui scambiò secche e oscure frasi dialettali. Mi si avvicinò, ero pronta.

«Senti, forse è meglio che passiamo direttamente al comizio; scusa sai, ma qui è la prima volta che canta una donna, e i compagni…»

Capii, e scomparve tutta la mia sicurezza del palcoscenico, che era del resto un'acquisizione recente. Gambe e labbra presero a tremarmi come agli esordi: dissi al sindaco che non potevo accettare e salii sul palco comunque, nei suoi occhi navigava lo sgomento. Pallido e teso cominciò a darsi da fare, per sedare almeno i più vicini: strattonò, sgomitò, non ebbe alcun successo.

Guardai la piazza – tutte quelle teste nere e nessuna faccia –, mi schiarii la voce: non più questione di pasticche di ribes, il nodo alla gola era paura.

Guardai con breve rimpianto il sofisticato programma incollato sulla chitarra: canzoni da un fil di voce, testi importanti pieni di coscienza e di sfumature.

Attaccai a pieni polmoni *Bandiera rossa*: il sindaco, continuando a distribuire urtoni, cominciò a farmi coro, seguito quasi immediatamente dai più anziani, che l'inno richiamava a un ordine non suscettibile di discussione. Prima che la canzone finisse la piazza era calma, anche i giovani cantavano. Benedicevo per la prima volta la "disciplina rivoluzionaria" contro cui mi ero più volte battuta. L'applauso finale fu compatto.

Snocciolai l'intero repertorio degli inni più popolari, e alla fine potei permettermi qualche canzone più "difficile": evitai accuratamente tutte quelle sulla condizione femminile.

Visibilmente sollevato, dopo lo spettacolo il sindaco mi accompagnò in Comune e poi in tante case: difficile e scortese rifiutare il bicchiere di vino, o gli sfrizzoli grassi e unti. Non sapevo come difendermi; alla fine la vinse una vecchina, che mi presentò un enorme sfilatino pieno di salsicce e peperoni: un accostamento ovvio al quale non avevo mai pensato, un buon antidoto al gran vino.

Vicino alla finestra aveva fatto come un albero di Natale,

un ramo verde con appese le foto di tanti morti: da Togliatti ad Anna Frank ai suoi figli. E in cima, come la cometa, un titolo in rosso stinto dell'«Unità»: *La legge-truffa non è passata.*

OSSO DI PROSCIUTTO CON FAGIOLI

1 osso di prosciutto non troppo spolpato, tagliato in 4 parti
400 grammi di fagioli borlotti secchi
1 grossa cipolla
2 cucchiai di conserva di pomodoro
olio, sale

Getto le parti di osso in acqua bollente, lascio cuocere per una decina di minuti, scolo. Ripeto l'operazione per altre tre volte, sempre con acqua nuova e pulita.

Dopo aver fatto appassire la cipolla nell'olio aggiungo i fagioli (messi a bagno dodici ore prima) con una quantità di acqua pari al doppio del loro volume, lascio cuocere per circa un'ora. Quando i fagioli sono cotti aggiungo la conserva e l'osso ben scolato, e lascio amalgamare ancora per mezz'ora.

Di sale, in genere, ne metto poco o niente: il prosciutto è molto salato di per sé.

In dieci anni di cinema avevo nascosto il cibo come una vergogna. Cioè mangiavo e cucinavo di soppiatto, solo con gli amici più stretti e non "del giro", nel mondo frivolo, elegante e colto cui mi sembrava di avere sempre aspirato, il termine "cucina" non aveva diritto di cittadinanza.

In verità Amidei vantava la sua frittata alla burina: a chi è iscritto nella Storia del Cinema questo era concesso, i suoi capelli bianchi con cachet Alexandre mai avrebbero rischiato di intridersi dell'odore infido dell'olio fritto. Noi – il gruppo in cui volevo riconoscermi – eravamo tutti più giovani e senza fama, per una ragione o per l'altra marginali. Nuovi Preziosi nottambuli, piluccavamo e assaggiavamo: prime colazioni lussuose a ore inconsuete, pasti veri e propri mai, qualcosa di simile esclusivamente al ristorante, senza darlo a vedere, parlando d'altro. Della terrazza di Amidei cui accedevo come segretaria feci dunque mio soltanto il tè di marca, spirituale e inconsistente. (I tempi vivi e disperati delle "Giornate del cinema italiano": Venezia d'agosto, splendida e impossibile da lavorarci. Le albe sui canali dopo le nottate al ciclostile, l'ultima sigaretta con gli operai del Petrolchimico che mi scortavano in albergo perché c'erano i fascisti in giro.

L'arrivo semiclandestino e serioso della delegazione sovietica, le pizze di film proibiti in viaggio di notte su gondole e yacht, Godard che gioca a scacchi, l'abbraccio di Zavattini giovane e insonne.

Montagne e montagne di carta, sentirsi una goccia nel grande mare).

Chissà come capii che a Massimo potevo cucinare i fagioli. Forse il suo sorriso aperto, forse le sue mani sensibili senza debolezza. Fra noi c'era ancora tutta una matassa da dipanare, non accennava a scioglierla e non capivo se per rifiuto o timidezza. Avevamo condiviso soltanto una bottiglia di vino rosso e degli avanzi di formaggio.

Di fronte a ipotesi troppo definite qualcuno era stato colto da singhiozzo, altri si erano chiusi in un sonno irreparabile, i più se l'erano data a gambe senza infingimenti: rifiuti amari, mi sarei mai decisa a tacere, a far finta di lasciarmi sedurre? Non che riuscissi a far tesoro di qualche esperienza ma almeno tentai, invitai – di contorno – una decina di persone: ben tre ossi di prosciutto, pentoloni, una giornata di fatica e apprensione.

La cena scivolò via senza difficoltà fra aneddoti di cinema, stornelli socialisti, le canzoni di Spartacus Picenus come autopresentazione ironica e addolorata: mi dimostravo una padrona di casa adeguata, la tensione mi teneva lontana da Massimo. Era il suo compleanno, il critico cinematografico citava miei precedenti amori, il suo vice era lontano e amabile e civile: con gesti rigidi passai a Massimo, in un angolo del corridoio, un biglietto d'auguri. Non importa se è già chiusa – mi dicevo –, è una storia come tante altre.

Se ne andarono via, Massimo scomparve per ultimo dietro la curva delle scale: senza un cenno né un'occhiata. Sparecchiai, misi in ordine: lentamente, con cura, per darmi il tempo di un possibile ritorno, di una telefonata.

Decisi di andare a dormire, ero quasi calma: avevo sbagliato ancora, niente di nuovo, l'abitudine mi avrebbe soccorso, già cominciavo a prendere sonno.

Il trillo del campanello fu l'inizio di una storia che non somigliava, alle altre.

ARISTA ALL'ARANCIA

4 bistecche di arista di maiale, con l'osso
4 arance
sale

Spremo due arance, taglio a fettine le altre due dopo averle sbucciate. Lego insieme le quattro bistecche, alternandole a fettine d'arancia. Le dispongo in una teglia dai bordi alti insieme al succo e al resto delle arance, aggiungo il sale, inforno per tre quarti d'ora voltando di tanto in tanto.
Se a cottura ultimata la salsa appare troppo liquida, la faccio addensare rapidamente sul fornello.

Il gruppo andava a pezzi, si litigava ormai su tutto: sul film da vedere insieme e sul fatto di vederlo insieme, sulla gita di un pomeriggio, sulla gestione dei figli che cominciavano a nascere.

Quella volta fu sul menù di Capodanno: ancora ostinatamente insieme, ci facevamo travolgere dai problemi pratici, sembrava indispensabile non solo spendere tutti esattamente la stessa cifra ma anche impiegare lo stesso tempo in cucina, e con risultati che non privilegiassero le qualità culinarie di qualcuno a discapito di qualcun altro.

Siccome era Capodanno eravamo anche tenuti a mangiar bene, e a divertirci.

Fascinoso, inquieto, esterno, Fosco ci osservava da un angolo, inevitabilmente aristocratico anche in jeans e camicia militare, il viso scavato da un suo dolore, l'aria disincantata senza alterigia di chi aveva già consumato un'esperienza analoga e si occupava ora di cose serie.

Discutevamo di cibo, e sempre i fantasmi di molte altre cose dietro e dentro di noi.

Aspettava che ce ne andassimo per parlare di sé, e comunque si annoiava: Fosco propose l'arista all'arancia di sua madre, costava poco, poco ci voleva per cucinarla.

Il re era nudo: accettammo le sue indicazioni, fu l'ultimo Capodanno tutti insieme.

CRÊPES

250 grammi di farina
3 uova
2 cucchiai di olio
1/2 litro di latte
sale

Batto per un attimo le uova, aggiungo a poco a poco la farina, continuo a mescolare finché non sia tutta amalgamata.
Aggiungo l'olio, il sale, poi a poco a poco il latte.
Se possibile lascio riposare per un paio d'ore, ma non è indispensabile.
Da quando possiedo una piastra per crêpes è tutto più semplice e sicuro, ma anche prima con la padella non era poi tanto difficile. L'importante (si impara solo provando) è ungere la padella in giusta misura (le crêpes non devono essere fritte) e mettere la quantità giusta di pastella (appena quanto basta perché, ruotando la padella, il fondo ne risulti coperto in strato sottilissimo).
È sufficiente (anzi, secondo me è meglio) cuocere le crêpes da un solo lato, senza voltarle: rimangono più morbide.
Le ricette per il ripieno sono praticamente infinite; quelle che utilizzo più di frequente sono:

CRÊPES AI FUNGHI

50 grammi di burro
2 cucchiai di farina

1/2 litro di latte
3 cucchiai di parmigiano grattugiato
10 grammi di porcini secchi
noce moscata, sale

Faccio ammorbidire i funghi in due dita di latte tiepido.
Preparo intanto una besciamella con gli altri ingredienti;
quando è quasi pronta aggiungo i funghi, e lascio cuocere
ancora per qualche minuto.
Riempio le crêpes, le dispongo in un piatto da forno con
qualche fiocchetto di burro, subito prima di portare in tavola le passo in forno per pochissimi minuti.

CRÊPES ALLA RICOTTA

200 grammi di ricotta
2 cucchiai di latte
2 cucchiai di parmigiano
2 cucchiai di prezzemolo tritato

Impasto bene tutti gli ingredienti, quindi spalmo il composto sulle crêpes e le arrotolo: come uno strudel.

CRÊPES ALLA CREMA DI POLLO

1 petto di pollo
burro, sale
3 cucchiai di besciamella

Cuocio i petti di pollo nel burro, li passo al tritacarne, li
unisco alla besciamella. Li spalmo quindi sulle crêpes, che
arrotolo a sigaretta e passo un attimo in forno con qualche
fiocchetto di burro.

500 grammi di spinaci
burro, sale
un buon ragù, con fegatini ecc.

Senza acqua, metto a cuocere gli spinaci – con un po' di sale – in una teglia: con il coperchio, a fuoco basso. Dopo cinque minuti li tolgo dal fuoco e li trito, poi li metto di nuovo sul fornello per un attimo, con un bel po' di burro fuso. Riempio le crêpes con gli spinaci (devono essere ben piene), porto in tavola insieme alla finanziera bollente, che è un ragù particolarmente ricco.

A quattordici anni, un giorno uscendo da scuola decisi di andarmene di casa. Non *fuggire*: avevo acquisito un certo gusto, una qualche ironia che talvolta riusciva a tenermi lontana dal melodramma.

Telefonai a mia sorella Ada, mi trasferii in casa sua: mio padre e mia madre vennero debitamente informati, con quel tanto di revanscismo che connotava i rapporti fra Ada e la matrigna, di un anno più giovane di lei.

Maggiore di me di diciassette anni, Ada era l'eleganza, la libertà, il rischio, la fantasia: tutta la vita che in casa mi appariva congelata in leggi rigide ed estranee.

Sapevo che si era sposata incinta, che aveva attraversato senza passaporto la "cortina di ferro" per seguire il marito, che quando litigava con papà parlavano in francese. Era tornata in Italia con due figli e senza più marito, faceva l'interprete, girava il mondo e aveva accanto a sé un nuovo uomo, Sergio, l'unica figura liberal mai apparsa sulla scena familiare.

Era l'unica, in famiglia e fra le mie conoscenze, che si tingesse i capelli (mi diceva che anche nostra madre l'aveva fatto, quella madre e le sue esperienze appartenevano a lei e non a me): litri di profumo, abiti alla moda, mi insegnava a usare fard e fondotinta quando una riga di eye-liner mi valeva tutti i tuoni e fulmini di mio padre (il pronostico era sempre lo stesso: «Finirai sotto i portici di piazza Vittorio»).

Il mese che trascorsi in casa sua fu una lunga boccata d'ossigeno, un frenetico godimento di tutto ciò che in casa mi veniva proibito: Sergio parlava della sessualità come di qualcosa che poteva riguardare anche me, Ada mi regalava le calze di nylon nel cui desiderio avevo trascorso notti insonni. Lessi Lawrence senza nascondermi.

C'era in casa un odore di lusso e di superfluo di cui cercavo la traccia da tempo, e per molto tempo ancora. Si beveva whisky, si mangiava prosciutto di Parma. Chi avrebbe mai pensato, in casa mia, ad aggiungere panna alla pastasciutta, o marsala alle detestate "fettine"? Con Ada questi miracoli erano possibili ogni giorno, e per le grandi occasioni (frequenti, bastava averne voglia) c'erano le crêpes dolci o salate.

Verso lo scadere del mese venne una zia da Israele. Mi fece un sermone, parlò dei giusti rapporti che devono intercorrere fra una figlia e i suoi genitori. Ascoltai con irritazione crescente, dissi che su mia madre non avevo niente da dire ma con mio padre tutto mi risultava invivibile. Ada mi guardava, sul momento non parlò, poi da sole disse di non scordare mai che mio padre lo era davvero, quella che chiamavo mammina soltanto una matrigna.

Con quale disperazione difesi le mie posizioni, Ada mi chiedeva di tenere il piede in staffe che mi laceravano.

La "catenella di baci" che ci aveva unite si ruppe allora: riannodarla non fu più possibile.

FRITTATA DI CIPOLLE

4 cipolle medie
4 uova

qualche goccia di limone
olio, sale

Taglio le cipolle a fettine sottili e le faccio cuocere nell'olio
con il limone: con pazienza, a fuoco basso, devono cuocersi
e imbiondire ma non abbrustolirsi o friggere. Tolgo la frittata quando non è ancora completamente cotta, in modo
che resti morbida e *baveuse*.

FRITTATA DI ORTICA

1 mazzo di ortica
4 uova
1 cucchiaio di parmigiano
burro, sale

Cuocio le foglie tenere e integre dell'ortica in poca acqua
bollente salata. Le scolo e le strizzo bene, quindi le faccio
rinvenire nel burro, aggiungendo poi le uova sbattute con
sale e parmigiano. Tolgo la frittata dal fuoco quando è ancora molto morbida.

FRITTATA CON I BOCCONCINI

4 uova
2 formaggini alle erbe (*oppure*: 2 cucchiai di parmigiano
grattugiato e qualche foglia di basilico tritato)
1 panino all'olio
burro, sale

Friggo il pane tagliato a dadini, aggiungendo poi le uova
sbattute insieme al formaggio.

Spesso mi è capitato di attraversare il mondo senza accorgermene. Un'impermeabilità all'esterno che raggiunse il suo acme, credo, fra il '68 e il '69. Presa da problemi di sopravvivenza e altro, gli avvenimenti scorrevano sotto i miei occhi senza che riuscissi a coglierne il significato. Compravo il giornale tutti i giorni, leggevo Marcuse, restavo irrimediabilmente fuori da tutto: tanto da poter essere ancora convinta del mio status di donna non solo emancipata ma "nuova".

Nel '69, a dicembre, incisi un disco, l'unico della mia carriera canora, mai uscito perché molto brutto.

Andando in sala d'incisione l'autobus attraversò la manifestazione dei metalmeccanici. Mi strinsi alla chitarra, gli occhi un po' bassi.

Davanti ai microfoni, per i cori mi raggiunse Giovanni, diciottenne di sicuro avvenire che mi intrigava: ci stuzzicavamo, c'erano fra noi giochi non innocenti e tabù difficili da infrangere.

Tornando a casa riattraversammo insieme la manifestazione: era già un'altra generazione, i suoi occhi vedevano cose diverse da quelle che pensavo.

Per le scale parlammo di Rossanda e Pintor, a casa ci venne fame. Poche cose in frigorifero, come al solito.

Misi a friggere del pane raffermo che si bruciò un pochino, le uova non erano molto fresche. I tabù esigevano che svolgessi una funzione materna ("mangia mangia che così cresci"), i giochi non innocenti mi chiudevano lo stomaco, lui li gestiva con disinvoltura assai maggiore.

Dopo cena provammo i cori, poi cercai di far arrampicare la mia voce da mondina sulle sue favole svagate e crudeli.

Prima di mezzanotte se ne andò con un piccolo abbraccio ambiguo, non aveva ancora la patente e non poteva perdere l'ultimo autobus (La sera in cui finì di incidere il suo primo long-playing mi telefonò, la voce non era più da ragazzo, chissà se se ne rendeva conto ma sapevo che aveva deciso.

L'imbarazzo quando arrivò a casa mia, c'era gente e Massimo, dovevo scegliere e scelsi Massimo. Cantò per tutti, scontroso e un po' ubriaco. Non l'ho più visto, avevo scelto la coppia e tutto il resto è andato via, perso lungo la strada senza apparente dolore).

FETTUCCINE DI UOVA

4 uova
1 cucchiaio di farina
2 cucchiai di latte
4 pomodori sodi e maturi
2 cucchiai di parmigiano
1 spicchio d'aglio
8 foglie di basilico
olio, sale

Mescolo uova, farina, latte e sale, con cui preparo alcune frittatine molto sottili che taglio a strisce da sistemare poi in un piatto cavo. Al momento di andare in tavola vi verso un sugo ottenuto così: faccio soffriggere l'aglio, aggiungo i pomodori frullati o passati al setaccio a grana grossa, faccio asciugare per un attimo a fuoco vivo. Completo con il parmigiano e il basilico tritato: da mangiare immediatamente.

FRITTATA PER I BAMBINI

4 uova
4 cucchiai di parmigiano
4 foglie di basilico tritate

1/2 bicchiere di latte
sale

Sbatto insieme tutti gli ingredienti, che inforno poi per circa un quarto d'ora, in una teglia antiaderente, a 220 gradi.

FRITTATA DI ZUCCHINE

4 zucchine
4 uova
olio, sale

Faccio soffriggere le zucchine tagliate a rotelline, quindi aggiungo le uova. Fredda è molto più buona.

La casa di Formia mio padre l'aveva fatta costruire subito dopo la guerra con materiali di recupero per risparmiare, doveva essere un pied-à-terre fra Roma e Napoli, anzi Portici, patria d'elezione e circoscrizione elettorale.

Nei primi tre anni andavo con mia madre, i costumi da bagno erano accollati e di lana, cambiarsi subito dopo il bagno per evitare bollicine e arrossamenti. Invincibili le mosche, il flit allontanava le zanzare solo per poco. Come unica memoria qualche foto di una signora con un bel décolleté, accanto una bambina con gli occhi brillanti, le sue lettere dicono che bastava mi nascondessi un attimo nell'ombra delle cabine per avere subito la febbre.

Tornai a Formia con Giulia, Ada e i suoi figli, Federico e Katinka cresciuti nel kinderheim cecoslovacco.

Ada preparava l'esame d'ammissione alla Scuola Interpreti, dal giradischi arrivava la Francia dell'esistenzialismo.

Giulia aveva abiti scollati e Ada una sottogonna rossa con il merletto nero comperata al mercato americano. Quando la sera andavano a ballare a "Le Palme" sorvegliavo i miei nipoti, che non mi hanno mai chiamata zia per i pochi anni che ci dividono. Le mie sorelle avevano amici con la divisa bianca della Marina che partivano con la *Amerigo Vespucci*, fra le cabine intravvedevo corteggiamenti quando, seduta sul ciglio della strada, mi pulivo meticolosamente i piedi dalla sabbia prima di andare via.

La casa era lontana dal mare, in collina; dal terrazzo si vedeva un gran pezzo di golfo, le montagne cominciavano dalla stradina scoscesa alle nostre spalle.

L'autobus lo misero dopo, scendevamo alla spiaggia con Katinka in carrozzina, al ritorno il sole picchiava sulla salita ripida, sotto il ponte dell'Appia c'era la carcassa di un asino.

Smisi presto di andare al mare, preferivo restare padrona della casa aperta sull'orto. A volte pulivo i vetri – nessuno me lo chiedeva, mi piaceva il nitore emergente dalla carta di giornale; nei giorni verso l'autunno avrei voluto accendere la stufa di terracotta, mi dissero che sarebbero morti gli uccelli che avevano fatto il nido nel comignolo. Oppure leggevo. Avevo esaurito i libri per ragazzi, mio padre mi consegnava le edizioni economiche dei classici russi e anche i Premi Stalin, volumoni rossi pieni di storie cupe e torture in cui tutti morivano o impazzivano o restavano invalidi. Un'amichetta mi prestò Delly, lessi, mi appassionai, mi sentii in dovere di relegarlo fra le stupidaggini.

Era mio il compito di comperare il pane da don Gaetano, nella rivendita piena di mosche dentro la torre di guardia che chiamavano Castellone. Ada tagliava le grandi fette, il burro nella ghiacciaia di legno non era mai tanto duro, mangiavamo seduti in circolo sui sedili di tronchi davanti alla porta-finestra per non fare briciole in casa.

Nell'orto c'erano fichi neri, pomodori, limoni, poche fragole e le zucche rampicanti piantate da mia madre prima che morisse, qualche verdura. Mangiavamo in modo brado, non avevo sempre qualcuno addosso a controllare il quanto e il come. Ada si capiva che aveva voglia di vivere, nei giorni speciali faceva la pizza napoletana e le frittelle salate di pasta lievita.

Papà e mamma arrivavano di tanto in tanto, stanchi e accaldati sulla imponente "1400" messa ogni volta a dura prova dai tornanti polverosi dell'Appia (Quando viaggiavamo insieme, arrivati a Itri si faceva una sosta, mio padre raccontava di Fra' Diavolo e cantava *Quell'uom dal fiero aspetto...*).

Si fermavano per poco, a mio padre il mare faceva male o dava noia, il tempo di una frittata di zucchine, un rito conservato perfino negli anni di carcere che Ada alimentava religiosamente, attenta a mantenersi vestale, depositaria di una vita famigliare che non avevo conosciuto.

Nelle soste più lunghe mio padre scendeva al mare verso il tramonto per una passeggiata sulla spiaggia. Si allontanava lungo la battigia con le mani intrecciate dietro la schiena, il torace bianco, le gambe esili nei calzoncini corti. A volte ero con lui.

Nenni aveva il basco anche in spiaggia, la sua villa era proprio davanti al mare, Remigio Paone invece aveva un bungalow in mezzo all'acqua cui si accedeva da un corridoio di palafitte, intorno barche e addirittura motoscafi. Si favoleggiava di feste regali, l'isolamento dello statista era qualcosa di più noto e vicino. Un ricordo sfumato, forse inventato: i politici camminano l'uno accanto all'altro, le mani dietro la schiena da vecchi carcerati, avevo da Nenni un'impressione di amicizia, restavo indietro a raccogliere conchiglie. Chissà cos'erano le loro parole coperte dal mare: il Fronte del Popolo era già un'esperienza bruciata, forse legnose trattative cosiddette informali, forse dolore comune di donne amate, di amici scomparsi nella guerra.

Poi mio padre e sua moglie ripartivano, verso un mondo esclusivo racchiuso in una parola-chiave: il *Partito*; li salutavo sul cancello o fra i tralci delle bouganvillee. Lei mi lasciava un piccolo regalo frivolo, mio padre libri e consigli. La casa tornava vuota, e mia.

Per molti anni ignorai dove portasse la strada della montagna, al di là della curva polverosa. Nei sogni che facevo, subito dopo c'era un grande prato di fiori gialli bellissimi, era un cimitero. Fui delusa quando trovai orti, pergole, le distese brulle che portavano a Santa Maria della Noce.

Verdure

LATTUGA AL PESTO

1 cespo di lattuga
1 spicchio d'aglio
6 foglie di basilico
2 cucchiai di olio, sale

Trito finemente l'aglio e il basilico; in una coppetta li amalgamo via via con l'olio (come per la maionese). Lascio riposare per qualche ora, poi condisco l'insalata una mezz'ora prima di andare in tavola.

Quando abitavamo a viale XXI Aprile l'insalata era il "ciccetto" della lattuga, il boccone-del-re che mi veniva destinato in segno, se non proprio di predilezione, quanto meno di distinzione.

Intorno alla casa di Torre Gaia c'erano campi e campi coltivati a lattuga. Mia sorella Stefania nacque subito dopo il trasloco. Mio padre decantava le gioie della vita agreste, sembrava sereno e più solo: detronizzata, mangiavo l'insalata solo se costretta.

Per la mia prima casa dal terrazzo enorme prelevai vasi da davanzali e androni di palazzi perbene. Ada mi regalò un geranio rosso, a primavera si riempì di fiori – e di basilico proveniente da una precedente, dimenticata semina.

Non possedevo ancora un fornello, le insalate ora erano una scelta, non mi pesavano più ed erano la base di ogni mio pasto: il basilico (il profumo la sera, quando lo si annaffia) raccolto sul momento ne divenne parte integrante, uno dei miei marchi. Un di più, un aroma, un'attenzione: e mai più, in nessuna delle mie case, ho rinunciato ad averne un vaso sul davanzale.

INSALATA DI ARANCE E FINOCCHI

2 finocchi
2 arance
8 olive di Grecia
olio, aceto, sale

Trovo noiosissimo sbucciare le arance, sopratutto quando ne servono in quantità. Un sistema che rende più semplice l'operazione è metterle in forno caldo per due o tre minuti: la buccia viene via molto più facilmente, anche quella interna, sottile.
Dunque sbuccio le arance e le taglio a tocchetti, altrettanto faccio con i finocchi, unisco le olive e condisco, non all'ultimo momento.

INSALATA DI SPINACI

200 grammi di spinaci crudi
30 grammi di prosciutto crudo
1/2 limone
olio, pochissimo sale

Lavo bene gli spinaci, che devono essere piccoli e teneri; spezzetto il prosciutto e lo faccio soffriggere con un pochino d'olio (come per la carbonara), poi verso il tutto – caldo – sugli spinaci tritati molto grossolanamente. Per finire limone, e il sale se necessario.

INSALATA DI CHAMPIGNON

300 grammi di champignon
1 limone
1 spicchio d'aglio
1 cucchiaio di prezzemolo tritato
olio, sale

Taglio i funghi a fettine sottilissime e lascio macerare per una mezz'ora con tutti gli altri ingredienti. A volte aggiungo anche qualche briciola di parmigiano.

Dopo mesi di silenzio Aldo telefonò per invitarci all'inaugurazione della sua nuova casa: fra le righe si capiva che ci avrebbe presentato anche una nuova donna.

Non ci vedevamo da tanto: dalle ceneri del gruppo ognuno era ripartito per una sua strada, tutti più soli, tutti determinati a non ripetere gli stessi errori.

Aldo lo avevo visto al funerale di mio padre: era venuto per me, non certo per il dirigente del Pci, però senza salutarmi, se ne restò fra la folla visibile e lontano.

Il suo invito non mi attirava, non volevo lasciare Tommaso che aveva pochi mesi e non volevo vedere Aldo né gli altri, le ferite bruciavano ancora.

La casa era normale, pulita, in ordine perfino eccessivo: tutta diversa dalla semplicità francescana e sciatta che gli conoscevo. Le letture rivoluzionarie chiuse dietro sportelli che le rendevano invisibili.

In cucina la sua donna, intimidita da presenze che sapeva importanti per lui, preparava manicaretti; andai ad aiutarla ed era vestita bene, con gusto, i capelli freschi di parrucchiere. Aveva la mia stessa età, molte cose ci rendevano simili e vicine.

Aldo faceva la spola fra soggiorno e cucina, premuroso e un po' in ansia con tutti; rimescolò una pentola e lo vidi impallidire: un grosso peperoncino navigava nel sugo, si era ricordato della mia allergia.

Minimizzai, dissi che non aveva importanza, che non doveva preoccuparsi: il peperoncino cosparso in abbondanza su tutti i cibi in verità mi spaventava, sapevo quanto l'avrei pagato ma non volevo deludere Aldo ancora una volta.

La sua donna improvvisò una insalata di funghi, lui la condì e me la riservò.

INSALATA DI MELE

1 mela aspra
1 arancia
2 cespi di insalata belga
6 olive di Grecia
olio, aceto, sale, salsa di soia

Per graduare giustamente i vari ingredienti non c'è che un modo: assaggiare, assaggiare, assaggiare.

POLPETTE DI ORTICHE

1 chilo di ortiche
3 uova
2 cucchiai di farina
2 cucchiai di parmigiano grattugiato
olio, sale
sugo di arrosto

Lesso l'ortica in poca acqua, la strizzo e la trito. Aggiungo le uova battute, la farina, il parmigiano, il sale. Formo delle polpettine schiacciate che friggo in olio abbondante, per ripassarle poi in sugo d'arrosto.

Ma di andare a passeggio ormai mi capita poco, e spesso sostituisco l'ortica con gli spinaci.

CARCIOFI LESSI

I carciofi lessi non usano più, ma da bambina c'erano dei piatti apposta, con la vaschetta del pinzimonio al centro. Il morbido peloso del "cuore" non mi piaceva (tutti i bambini detestano il molliccio), mio padre insisteva nel proclamarlo sopraffino. Che mangiate di pane e olio, per ingoiare i pezzettini di "cuore".

INDIVIA AL TEGAME

500 grammi di indivia
2 grosse cipolle
olio, sale

Faccio soffriggere la cipolla in una teglia, grande abbastanza da contenere l'indivia, che è molto voluminosa. Quando la cipolla è imbiondita verso l'indivia e il sale, e copro con un coperchio, lasciando cuocere piano per una ventina di minuti.

MELANZANE CONCIATE

melanzane
olio di semi, aceto
aglio, prezzemolo, basilico
sale

Taglio le melanzane nel senso della lunghezza, a fette alte un dito, che incido a grata con la punta del coltello. Metto in una teglia con olio abbondante, e in forno a 220 gradi per una ventina di minuti (Una sola teglia a volte non basta, le fette prendono molto posto. Allora riuso lo stesso olio per altre infornate, rimboccandolo poco ogni volta).

Scolo bene le melanzane, le faccio asciugare sulla carta del pane, le metto a strati in un contenitore salandole via via. Intanto faccio scaldare un po' d'aceto con aglio tritato e foglie di prezzemolo e basilico. Lo verso ancora caldo sulle melanzane, che devono insaporirsi per almeno un paio d'ore.

Contrariamente ad altre verdure, che diventano mollicce e immangiabili, queste melanzane resistono benissimo al freezer. Per questo ne preparo sempre molte, ogni volta.

PARMIGIANA BIANCA DI MELANZANE

1 chilo di melanzane
50 grammi di burro
2 cucchiai di farina
1/2 litro di latte
100 grammi di provolone piccante
200 grammi di fontina
100 grammi di groviera
100 grammi di parmigiano grattugiato
un pizzico di noce moscata, sale

Friggo le melanzane, tagliate a fette sottili nel senso della lunghezza, in abbondante olio. Preparo intanto una besciamella con il burro, la farina, il latte, la noce moscata, il sale (In ogni libro di cucina c'è una ricetta per la besciamella: ma quasi nessuno dice che farina e burro devono cuocere insieme, senza latte, per almeno cinque minuti). Quando la besciamella è pronta aggiungo i formaggi tagliati a dadini e il parmigiano, che faccio amalgamare per un attimo sul fornello.

Metto un primo strato di questo composto sul fondo di una

pirofila, poi uno strato di melanzane ben scolate dell'olio; alterno gli strati, concludendo con la besciamella, e metto in forno ben caldo per pochi minuti, quanto basta a dorare.

Per il compleanno di Massimo, il nostro primo anniversario, il gruppo era compatto, ancora in grado di attrarre nella propria orbita una quantità di altre persone.

Le melanzane dovevano bastare per trenta e più amici. Preparai la besciamella con i formaggi, e le donne del gruppo portarono ciascuna un chilo di melanzane fritte: sette chili, chi bianche e chi nere, le teglie che entravano e uscivano dal forno formavano un rapporto, la capacità di essere insieme e amalgamare le differenze.

Fino a tardi con le canzoni di lotta: nel '75 tutto era ancora senza ombre e a portata di mano.

VERZA E CIPOLLE

1/2 chilo di cavolo verza
1/2 chilo di cipolle
olio, sale

Sul tagliere, taglio il cavolo a striscioline sottili. Faccio soffriggere la cipolla tritata grossolanamente, poi aggiungo la verza e il sale. Lascio cuocere a fuoco medio, con il coperchio, per una ventina di minuti.

L'ostetrico lesse i risultati della curva glicemica e le sue labbra ebbero una piccola contrazione.

«Il suo medico curante è in grado di prescriverle una dieta?» mi chiese.

Il mio medico curante non aveva rilevato nelle analisi alcuna anomalia.

«Direi di no» risposi.

Disse allora che la cosa migliore era che mi ricoverassi per due o tre giorni al Policlinico Gemelli: mi avrebbero fatto le analisi necessarie, stabilendo la dieta più idonea e l'eventuale dosaggio di insulina.

Nel primo pomeriggio Massimo mi accompagnò all'ospedale; fra formalità di vario genere si fece buio, arrivai in reparto verso le sette.

Le luci centrali erano già spente, le donne tutte a letto, immobilizzate dalle flebo, sembrava che dormissero. Venne un medico a farmi molte domande, mi diedero da mangiare benché fosse già passata l'ora. Dai letti vicini arrivavano sguardi. Misero una flebo anche a me, l'infermiera cui chiesi spiegazioni mi disse soltanto che così era stato disposto. Prima di spegnere la mia luce, come ogni sera mi spalmai la pancia di crema anti-smagliature: dai letti vicini gli sguardi erano irridenti e malevoli. Una voce, senza rivolgersi a me, disse che era tutto inutile. Il letto accanto al mio esibì a riprova una giovane pancia enorme striata di viola, sembrava un tirassegno.

Non dormii, più per il fastidio della flebo che per agitazione: avevo la certezza di soli due o tre giorni di degenza, la espressi al mattino all'ostetrica che mi visitava. Dai letti vicini risatine, e ancora sguardi.

Osservavo con grande stupore le donne che si muovevano da un letto all'altro trascinandosi dietro l'"albero" della flebo, si lavavano, lavoravano a maglia: me ne stavo lì ferma, il braccio immobile e informicolito. Cercai di leggere, sembrava l'unica attività possibile in quelle condizioni.

I giorni successivi, nella girandola di analisi visite e controlli, cominciai a capire che sarei uscita soltanto dopo il parto: come quelle donne che stavano lì chi da tre mesi, chi da cinque, chi da otto.

Nessuna di loro mi rivolgeva la parola: discorrevano tra loro, spesso con violenza, e tra loro anche di me, irridendo il mio libro, il mio giornale, la mia crema antismagliature.

Anch'io dovevo sopravvivere, misi da parte le letture, cercai in ogni modo di attaccare discorso: niente, la loro rabbia mi teneva a distanza, ero diversa perché avevo visite tutti i giorni e loro soltanto parenti che arrivavano dal sud ogni due settimane.

Mi abituai anch'io alla flebo, scopersi che riuscivo a fare una quantità di cose: mi feci portare ferri e lana, cominciai un golfino rosso per quel mio figlio che mi andava apparendo sempre più minacciato e minaccioso.

Il golfino traforato risultò tenero ed etereo, dalle loro mani uscivano maglie destinate a durare una vita. Mentre lo cucivo la più ostile (era in ospedale da sette mesi, faceva insulina anche di notte e poi si mangiava uno sfilatino in un tazzone di latte) mi venne vicino e disse:

«Adesso mi spieghi come si fa».

Ero stata ammessa, entrai fino in fondo nella logica dell'istituzione: il "fuori" era un pensiero intollerabile, l'unica salvezza occuparsi esclusivamente di quel dentro fatto di amniocentesi, monitoraggi, profili glicemici. I dati di ciascuna venivano confrontati con quelli delle altre, come una cabala, sigle astruse che ci tenevano legate. Solo la paura non poteva essere scambiata né comunicata.

Ormai ero stata accettata, sebbene continuassero a guardare con sospetto alla mia dieta. Perché io mi attenevo strettamente alle indicazioni dei medici – ero lì per questo –, rispetto alle quali mi era stato subito detto:

«Nun te preoccupà, ce pensiamo noi. Quelli te fanno morì».

Nel senso che lì, nel reparto di patologia ostetrica in cui chi stava meglio aveva il diabete, la dieta non la seguiva nessuno. I cibi scientificamente dosati venivano guardati con schifo e sufficienza, assaggiati appena, e poi quando la caposala andava via compariva il pasto vero: barattoli di salsicce sott'olio, frutta secca, dolci, cioccolata.

Resistere non mi costava troppo sforzo: tranne che quando mi comparve dinnanzi un porta-pranzo fumante pieno di cavoli che galleggiavano nell'olio, con l'odore di cipolla che aleggiava per la corsia. Mangiai coraggiosamente la mia verdura scondita, sentendomi molto brava e molto stupida, al centro di un festino di cavoli e taralli pugliesi.

E ancora oggi mi chiedo: ma sarebbe stato davvero tanto grave se li avessi mangiati?

Dolcezze

BUDINO AL SEMOLINO

1 litro di latte
125 grammi di semolino
3 rossi d'uovo
4 cucchiai di zucchero, più altri 6 per il caramel
1 cucchiaio di rhum
1 pugno di uva passa
1 noce di burro
la scorza di 2 limoni

Scaldo il latte con le scorze di limone e lo zucchero, e quando alza il bollore verso a pioggia il semolino, che lascio cuocere rimestando per una decina di minuti. Tolgo dal fuoco, e in uno stampo per budino faccio caramellare lo zucchero, aggiungendo una tazzina d'acqua quando è ben scuro, in modo che possa sciogliersi meglio. Aggiungo quindi al semolino l'uvetta ammorbidita in acqua tiepida e ben strizzata, il burro, il rhum, e per ultimi i rossi d'uovo, rimestando rapidamente e energicamente perché non facciano frittata. Verso quindi nello stampo, e passo per un quarto d'ora in forno, a temperatura piuttosto bassa (150 gradi), lasciando poi ben freddare in frigorifero.

Per anni ho pensato che il budino di nonna Alfonsa fosse il non plus ultra per ogni bambino, come lo era stato per me.
Poi Tommaso non ha mai voluto assaggiarlo.
Mi suggeriscono – per farglielo apprezzare – di cospargerlo di cioccolato; una trasformazione di senso troppo radicale, per questo credo di non essere ancora pronta.

300 grammi di farina
150 grammi di burro o margarina
150 grammi di zucchero
3 uova
4 mele deliziose
1 pugno di uvetta
2 bicchierini di rhum
1 bustina di lievito

Faccio macerare le mele tagliate a fettine sottili nel rhum e nello zucchero. Batto intanto le uova, unisco la farina, il burro liquefatto e fatto freddare, l'uvetta. Aggiungo le mele, lo zucchero, il rhum, e mescolo ancora bene. Per ultimo distribuisco il lievito in polvere.
Verso il composto in una teglia imburrata e infarinata, abbastanza alta perché il dolce possa lievitare.
In forno a 220 gradi, per tre quarti d'ora.
A voler proprio strafare (mi capita, a volte) si può servire con panna liquida, che ciascuno versa e spalma sulla propria fetta.

Alla fine anche Aldo avrà un figlio. Fra incertezze e crisi anche lui ha accettato che ormai si può solo vivere, ha accettato perfino me.
    La sua donna continua a cucinare con grande classe, ormai ci conosciamo e mi fa grazia del peperoncino: delle nostre intolleranze sappiamo ora quasi tutto, abbiamo imparato a fare attenzione. A volte un po' raggelati, sempre con il rimpianto della totalità che non siamo riusciti ad avere, la nostalgia per un'effervescenza che ci ha attraversati e poi si è persa: non ne parliamo nemmeno più, ferita su ferita abbiamo imparato che della miscela per la sopravvivenza il pudore è elemento essenziale.

Per una cena insieme lei mi chiede il contributo di un dolce: senza il latte, che da disintossicante sovrano si è trasformato di questi tempi in oscuro maleficio, in una delle tante mine vaganti che insidiano il benessere del bambino che nascerà.

Potrei cavarmela con una crostata di marmellata; invento il dolce di mele, la mia creatività – e gli ingredienti che ho in casa – al servizio di un futuro non immaginabile di figli da partorire, amare, proteggere: senza più poter fingere di condividerne l'esperienza.

MOUSSE AU CHOCOLAT

4 uova freschissime
120 grammi di cioccolato fondente
3 cucchiaini di caffè
200 ml di panna per dolci

Sminuzzo il cioccolato, lo sciolgo a bagnomaria insieme al caffè, travaso il tutto in una zuppiera, lascio raffreddare. Unisco i tuorli delle uova facendo amalgamare bene, poi incorporo a cucchiaiate, mescolando delicatamente, le chiare montate a neve fermissima. Per ultimo aggiungo un cucchiaio di panna montata: il resto, per guarnire.
Lascio riposare in frigorifero per almeno 24 ore, in modo che la mousse monti e si rassodi a dovere.

La mousse è Ada: la Francia, lo charme, le viene sempre perfetta, a me quasi mai. Perciò la utilizzo, più che a sé stante, per farcire le torte: soprattutto per le feste di Tommaso.

La prima volta tremavo, aver rischiato una torta non di pasticceria, i bambini sono così implacabili.

Ci fu la festa a via Forlì, tutti in piedi a cantare la *Caterina* che era come un inno, le domande dei bambini per sapere com'era che quel nostro figlio era nato. Tommaso teso e al centro dell'attenzione.

Si imbottivano di pizzette e coca-cola, ci sarebbe stato posto per la torta? Tommaso spense le candeline, ebbe l'applauso, scappò in giardino a smaltirsi la felicità. Tornò, di sottecchi osservava come sarebbe finita.

Tagliavo le fette di torta, i bambini seduti in cerchio osservarono a lungo prima di assaggiare.

Il via lo diede Carlo, leader scontroso e solitario. Disse: «È buono, mamma Clara. Non trovi che assomiglia un po' al *tegolino*?».

E anche Tommaso la mangiò.

DOLCE DI NATALE

500 grammi di farina
3 uova
1 quadretto e mezzo di lievito di birra
250 grammi di zucchero
1 bustina di vaniglina
100 grammi di margarina
2 chili di frutta in conserva (o di pere e mele cotte in mezzo litro di vino dolce)
2 arance
la buccia di 2 limoni
150 grammi di fichi secchi
200 grammi di noci
250 grammi di uvetta
200 grammi di mandorle
150 grammi di nocciole
1 bustina di lievito in polvere

Impasto la farina con lo zucchero, la vaniglina, il lievito di birra sciolto in acqua tiepida, un pizzico di sale, una parte del liquido della frutta, fino a ottenere una pasta piuttosto dura, che lascio lievitare per quattro ore. Faccio intanto scaldare la frutta con il resto del liquido, insieme alle arance tagliate a fettine, alla buccia di limone a striscioline, alla margarina: quando il composto è ben caldo aggiungo l'uvetta fatta rinvenire nell'acqua tiepida e strizzata, e i fichi tagliati a pezzetti. Faccio amalgamare bene, unisco tutta la frutta secca.

In una grande zuppiera trasferisco la pasta lievitata, in cui incorporo prima le uova battute, e poi tutto il composto di frutta, con il lungo mestolo di legno riservato a questo uso. Ottengo una pasta piuttosto liquida, nella quale incorporo per ultimo il lievito in polvere.

Uso per cuocere delle forme da plum-cake, rettangolari, che ungo, infarino e riempio circa per tre quarti.

Metto gli stampi nel forno già caldo (250 gradi), che abbasso a 220 gradi dopo una decina di minuti, lasciando cuocere poi per un'ora.

Quando sono freddi, tolgo i dolci dagli stampi, spennello la parte superiore con una glassa di acqua e zucchero, li metto a riposare (anche per più giorni) sulla carta del pane perché si asciughino bene.

Ci sono stati anni in cui pensavo – stando lontana – che una ricomposizione fosse possibile, anzi già avvenuta. Questo dolce cominciò allora: un dolce laborioso, come si vede, bisogna pensarci dall'estate per preparare la frutta, poi un pomeriggio intero con mia madre Stefania e Micol a sgusciare frutta secca e giocare a cucina. Alla fine c'erano teglie e stampi, l'odore di Natale in giro per la casa, una quantità di dolci da mangiare e regalare: la dose che facevamo era il triplo di questa.

Poi molte ipotesi sono cadute, sono venuti i momenti in cui il dolce di Natale è stato intollerabile, il peso del rito appiccicato sopra un'incomunicabilità reale e l'incapacità di sottrarvisi.

Anni che durano: diminuisco le dosi, ma d'estate la frutta la preparo ancora.

ALLORINI

100 grammi di miele
200 grammi di nocciole o mandorle tritate
30 foglie di alloro

Faccio sciogliere il miele a fuoco basso, aggiungo la frutta secca, lascio cuocere mescolando per 20 minuti. Verso sul tavolo unto d'olio, spargo con la lama del coltello in modo che il composto abbia un'altezza di non più di mezzo centimetro. Prima che si freddi, traccio delle linee perpendicolari, per formare dei rombi che abbiano tre-quattro centimetri di lato.
Quando il composto è ben freddo, stacco i rombi l'uno dall'altro e li chiudo fra due foglie d'alloro, disponendoli a pila in modo che l'uno tenga fermo l'altro.
Si mangiano dopo qualche giorno, o si regalano.

GELATO ALLO ZABAIONE

7 rossi d'uovo
7 cucchiai di marsala secco
7 cucchiai di zucchero
1/2 litro di panna per dolci
10 mandorle
10 grammi di cioccolato fondente

Mescolo i rossi d'uovo con lo zucchero e il marsala e faccio cuocere lo zabaione a bagnomaria per venti minuti, mescolando in continuazione con il cucchiaio di legno.

Lascio freddare completamente lo zabaione, e intanto preparo: le mandorle, che trito grossolanamente e faccio tostare per due o tre minuti in forno caldo; la panna ben montata, cui unisco poco a poco lo zabaione.

Dispongo una metà del composto in un contenitore per gelati e lo lascio rassodare in freezer per una mezz'ora, trascorsa la quale ne cospargo la superficie, già un po' indurita, con le mandorle e il cioccolato ridotto in scaglie. Ricopro quindi con l'altra metà del composto, e ripongo nel freezer. Se ben conservato, questo gelato si mantiene piuttosto a lungo: perciò lo preparo in genere con buon anticipo sul momento in cui penso di utilizzarlo, limitandomi a passarlo nel frigorifero normale un'ora prima di mangiarlo.

L'odore di ricchezza e di lusso che da piccola inseguivo negli argenti e nelle olive di Kippur è uno dei fili rossi della mia vita: anche nel '68 professavo il mio amore per le "belle cose", pur con la chiarezza che non avrei venduto l'anima per averle. Poi, per ragioni via via contingenti, le belle cose sono quasi scomparse dalla mia vita, assorbite da altre scelte e altre spese, senza cessare peraltro di esserne la corrente sotterranea e costante: quella che mi ha fatto respingere con intolleranza crescente gli abiti all'ultima moda così come i best-seller, quella che – dopo le periodiche fasi obbligate di rinunce totali – mi porta a scegliere l'acquisto di biancheria e profumi anziché di abiti, quella che mi fa tributare gratitudine eterna se non addirittura amore a chi mi regali una rosa. (Pochi hanno l'abilità di farmi regali: la pelle viva che sempre mi sembra di mostrare al mondo appare evidentemente come una scorza dura, che impedisce agli altri e a me emozioni e espansioni).

Ma filo rosso non significa chiarezza definitiva, né tanto meno sicurezza: prova ne sia quel continuare a inseguire (da un implicito stato di inferiorità) un odore di ricchezza esteriore, il mio lavoro fatto prima di cinema e poi di congressi.

Un meccanismo molto simile: sia nel cinema che nell'organizzazione congressuale si lavora freneticamente alla preparazione di un *evento*, qualcosa che è pura forma e brucia in un tempo brevissimo. Nell'attesa si può fingere di essere uguali, il regista e l'elettricista il ministro e la dattilografa. Il fine appare comune, il tu usato senza risparmio dà l'illusione di un rapporto. Gira una gran quantità di denaro, lo si sente nell'aria, sembra che manchi soltanto il tempo per raccoglierlo.

Nel cinema la cultura passa talvolta come apparizione (spesso orecchiata, illusoria), dal mondo dei congressi è rigorosamente bandita: la Storia sempre ridotta a cronaca se non a pettegolezzo, i grandi nodi della politica internazionale si risolvono esclusivamente nella disposizione dei posti nei banchetti di gala o nelle lingue scelte per la simultanea.

Per organizzare congressi ci vuole creatività, fantasia, improntitudine, dunque le professioniste sono quasi tutte donne: padrone di casa eccellenti che hanno frequentato i migliori collegi, vestono moda esclusiva, sono state maritate all'uomo giusto anche quando poi hanno divorziato, conoscono questo e quello fin dalla culla; donne d'affari rigide e aggressive, sempre sul chi vive, spesso chiuse in infelicità che non possono dichiarare. Mi pesa con loro l'impossibilità di costruire un rapporto, e insieme il senso di inadeguatezza costante che ho di me; detesto le donne che vivono per piacere, ma questo non significa aver sciolto i miei nodi.

Ho lavorato per la prima volta in un congresso a quattordici anni (Il *Piano Verde* alla FAO: mio padre relatore, Ada interprete, Giulia alla reception, io registravo gli interventi. Un signore altissimo e molto nero mi si avvicinò alla fine di una tavola rotonda, ero rossa di timidezza, dal suo profluvio di parole colsi soltanto "... enfant... enfant..." Mi strinse la mano, temetti che mi baciasse, misi insieme un sorriso. Seppi dopo che era Senghor, mi aveva conosciuta in braccio a mio padre).

Quando poi mi sono trovata a fare congressi per mestiere, giorni e giorni mesi e mesi, ho cercato di suturare quel lavoro con la mia vita, un tentativo di afferrare, al di là della scorza brillante e profumata, un rapporto reale con qualche donna in carriera.

La casa dove mi invitarono era – naturalmente – sontuosa: sete, velluti, la vecchia tata in cucina, la cameriera di colore che serviva gli ospiti. Aleggiavano confindustria, presidenza del consiglio, banche, moda, soldi. Figli e figlie di donne in carriera esibivano bellezza a caro prezzo e vacuità, con una certa aria disperata in fondo agli occhi. La droga non era ancora una presenza ingombrante. I fagioli mi parvero un vezzo insopportabile.

Nel bagno dalle rubinetterie troppo pesanti studiai lo spessore degli asciugamani di spugna, saggiai alcuni degli innumerevoli flaconi di profumo, annusai saponette e bagno-schiuma. Ma era tutto così freddo: stavano lì a costruire uno status, non un'etichetta che non fosse celebre e costosa. Nessun piacere, nessuna comunanza con i pot-pourri nei sacchetti ricamati a mano che invadono i miei cassetti e profumano la mia vita.

Il "trionfo" di frutta che troneggiava al centro del tavolo si sgretolò sotto le mani degli invitati; mentre la filippina serviva il gelato scoppiarono i tappi dello champagne: si festeggiava – mi sembra – il secondo o terzo miliardo di fatturato.

Cercai rapporti in cucina, la tata fu molto lusingata quando le chiesi la ricetta del gelato; rimase un po' scandalizzata quando capì che l'avrei fatto con le mie mani.

CASSATA

1 pandispagna di circa 800 grammi
600 grammi di ricotta
100 grammi di cioccolato fondente
2 bicchierini di liquore dolce (elixir di latte, alchermes)
1 pugno di canditi
due o tre cucchiai di zucchero
1/2 litro di panna montata

Con il frullatore a immersione (o passandola al setaccio a buchi piccoli) la ricotta deve diventare vellutata. La mescolo insieme allo zucchero sciolto in un po' di latte, aggiungendo poi i canditi tagliati piccolissimi e il cioccolato a scaglie.

Taglio il pandispagna in fettine sottilissime: non importa se si rompono un po', perché le ricompongo con le mani.

Stendo un primo strato di pandispagna, che bagno con il liquore allungato con una quantità equivalente di acqua o – meglio – di latte. Sul pandispagna stendo quindi uno strato del composto di ricotta, poi ancora pandispagna bagnato, e via con gli strati, fino a concludere con uno di pandispagna (per l'ultimo tengo sempre da parte le fette più lunghe e regolari). Lascio in frigorifero per una mezza giornata, poi ricopro con la panna montata.

Quando si trattò di andare a convivere discutemmo per mesi.

Massimo rifiutava il rito, io volevo che ci sposassimo: continuavo a vedere la coppia come entità episodica, non permanente, votata presto o tardi alla dissoluzione, l'idea di un figlio non la contemplavo neppure; ma volevo un rito, il primo di una vita senza prima comunione né maggiorità, con compleanni distratti, senza quasi regali, senza un momento in cui ci si sente al centro del mondo.

Discutevamo. Rinfacciavo a Massimo la sua infanzia calda di affetti e di cose, ne ricevevo in risposta confessioni, a volte amare, di paura di essere risucchiato.

Mio padre non si esprimeva, mia madre preferiva senz'altro il matrimonio. Mi vide depressa perché non riuscivamo a risolverci, se ne uscì con una frase consolatrice che dopo ha probabilmente rimpianto: «Se poi non vuole che vi sposiate potete sempre fare una gran festa».

Com'era semplice e giusto, il rito alla fin fine ripugnava anche a me. Per non dire che un certo numero di anni li avevo impiegati per non essere "la figlia di", poi quando facevo la segretaria altri anni erano passati nella conquista di un cognome: con un'identità finalmente ricucita, non ci tenevo affatto a diventare "la moglie di".

Ricevemmo regali, organizzammo una grande festa: la festa di non matrimonio.

Massimo arrivò in leggero ritardo, facendomi vivere i classici patemi della sposa abbandonata davanti all'altare.

Mia madre tirò fuori tutti i bicchieri di cristallo, mio padre cantò con noi le canzoni anarchiche ("...son nostre figlie / le prostitute...") e lo vidi contento.

Venne tanta gente, amici e parenti e conoscenti: ma i genitori di Massimo no, quella scelta era per loro ancora troppo difficile da mandare giù, li metteva troppo a disagio, non se la sentivano di avallare con la loro presenza qualcosa che appariva così poco rispettoso della famiglia e delle sue convenienze.

L'affetto fa fare ad alcuni salti di campo altrimenti impensabili: mia suocera fu presente "in spirito" con la sua splendida, sontuosa, famosa cassata.

GIN-FIZZ

il succo di 1 limone
1 cucchiaino di zucchero

1 bicchierino da vermouth di gin
1 fettina di limone
ghiaccio tritato

Mi hanno regalato uno shaker pesante e presuntuoso, che
non uso mai. Perciò mi limito a mescolare bene con il cucchiaino, e trovo che i risultati sono accettabili.

Nel cinema l'onda del '68 è stata lunga, e non più ambigua
che altrove.

Nel '72 l'onda era anche alta, e le "Giornate del cinema
italiano", controfestival a Venezia, ebbero successo e onori:
la Biennale fu un fiasco perché i cineasti ritirarono i loro
film, avevamo vinto. Il mio regno era il ciclostile, l'odore
del potere teneva a bada dolori d'anima altrimenti intollerabili, i grandi registi indossavano blue-jeans e incollavano
francobolli.

In tanta compattezza e unanimità ci fu anche chi si sbagliò: una donna, che dopo avere finalmente realizzato il film
pensato per anni lo lasciò a Rondi, immagino con disagio,
certo determinata a non lasciarsi sfuggire la possibilità della
grande ribalta.

Le pagine dei giornali erano piene della "contestazione"
di Campo Santa Margherita, la proiezione del suo film al
Lido fu accolta sopratutto dal silenzio.

Un mese dopo, a Pesaro, eravamo ancora gli stessi, un po'
persi: la Mostra del Nuovo Cinema la propria rivoluzione
l'aveva già fatta da sé, la spinta a fare e a stare insieme si
risolveva in scorpacciate di film e di cibo.

Una sera, entrando in tanti in una birreria (eravamo sempre tanti, impensabile muoversi se non in gruppo ampio) a
un tavolo c'era lei, con il suo cane. Sedemmo ostentatamente
da un'altra parte, finché non se ne andò fu un incrociarsi di
battute feroci su di lei, il suo film, il suo cane, i suoi amori.
Noi avevamo scelto il lato giusto della barricata.

Feci anch'io la mia parte, ironizzando sulla sua cucina dalle piastrelle bianche e sul gin-fizz che mi aveva offerto un anno prima quando, in una serata oppressa dall'afa, ero capitata in casa sua per una sottoscrizione: un gesto gentile verso una segretaria, o verso una donna, o forse verso una persona.

MANDARINI

Della morte di mio padre scrissero i giornali.

All'inizio non c'era dolore, solo sollievo per una pena finita, rassegnazione per quell'ultimo tentativo che forse si poteva fare ma a che prezzo, senso di colpa preciso per quel sollievo.

C'era anche tanta stanchezza, stare in piedi per ore, salutare persone che non sempre sapevo chi fossero, presentazioni, frasi di prammatica, la commozione degli altri, l'organizzazione di questioni pratiche che non potevano essere evitate.

Non mi vestii di nero, ma porsi il problema fu inevitabile. Contavo le corone, le bandiere rosse, i picchetti d'onore. A fine giornata contavo le firme sul libro delle visite: l'accumulo mi dà sicurezza in ogni caso, ne derivo calcoli scaramantici.

Temevo di non avere abbastanza la faccia di circostanza, almeno a giudicare dal cipiglio di certi visitatori. Terracina invece arrivò allegro, fece le scale a piedi, si fermò davanti alla bara con il sorriso di chi si è confrontato tante volte con la morte – anche con la quotidianità della vecchiaia – da non averne più timore.

Rientrai per tre giorni, per diritto ereditario, nel grande giro della politica e della cultura. Negli scaffali a vetri, nei saloni imponenti di quell'Istituto Cervi che mio padre aveva voluto e cui aveva donato la propria biblioteca, i libri fino allora vissuti in casa cambiavano faccia: andai a ricercarmi l'amato Nigra, al dorso di marocchino rosso la targhetta con il numero di catalogo conferiva tutt'altra fisionomia.

Quante mani da stringere, non tutte piacevoli.

Mia madre chiusa in una corazza di normalità: non potevo aiutarla, anzi cominciai a scoprire di non sentirmi più legittimata come figlia.

Il giorno del funerale la primavera esplose su Roma: la primavera degli autonomi, la settimana prima era il 12 marzo, pioveva fitto e le macchine bruciavano in mezzo a largo Argentina, con Massimo al riparo dentro un portone e fuori la guerra, gli echi erano arrivati fino alla camera ardente.

Alle tre del pomeriggio, durante l'orazione funebre, il sole picchiava forte sul mio loden grigio, sugli stivali improvvisamente stretti: avevo gli occhi annebbiati dal polline, temevo il brusco insorgere del raffreddore da fieno; piccole preoccupazioni – i piedi indolenziti, il microfono dell'oratore in bilico su una cassetta di birra, le scorie di un Grande Amore con compunzione dietro il feretro di un Grande Dirigente e neanche un gesto per me – mi distraevano dai discorsi. Osservavo gli effetti cromatici del compromesso storico, niente bandiera rossa sulla bara, niente fiori rossi nei suoi pressi: tricolori, nuances dal rosa al giallo al violetto, a cominciare dalla corona inviata dal presidente Leone già in odore di impeachment.

Tornammo dal cimitero in taxi, le strade con i manifesti listati a lutto, sul sedile del conducente il giornale piegato sul necrologio. La risonanza pubblica attutisce i tremiti interni.

Per tre giorni avevamo di fatto saltato i pasti, a casa c'era da affrontare il posto vuoto a tavola. Decidemmo di cenare in uno di quei posti dove non si ordina, ti portano automaticamente quello che c'è e non devi pensarci.

Una riunione di famiglia con un che di festivo. Sarà stata l'aria della primavera, sarà che alle riunioni conviviali non siamo abituati, sarà che da una famiglia in gramaglie non ci si aspetta il ristorante.

A fine cena eravamo come un po' allegri: con il caffè, ci portarono dei minuscoli calici di spremuta di mandarino.

Conservare

FAGIOLINI SOTT'ACETO

fagiolini molto teneri
aceto
aglio, dragoncello, sale

Pulisco i fagiolini, li metto a cuocere in poca acqua bollente e salata. A metà cottura li scolo, li asciugo con un panno, li sistemo in vasetti di vetro. Scaldo l'aceto con l'aglio tritato e il dragoncello, lascio freddare, ricopro i fagiolini con il liquido. Non mi resta che chiudere ermeticamente, e lasciar riposare per almeno una settimana.

FAGIOLINI SOTT'OLIO

fagiolini piccoli
aceto
aglio, olio, sale

Faccio cuocere i fagiolini in metà acqua e metà aceto (poco dell'una e dell'altro), con una buona manciata di sale. Quando sono ancora molto molto al dente li scolo, li asciugo, li sistemo nei barattoli mettendo qua e là qualche pezzettino d'aglio. Olio a coprire, scuotendo un po' per far uscire le bolle d'aria prima di chiudere ermeticamente.

cipolline
aceto

Compro sempre le cipolline già pulite, altrimenti sarebbe una
pazzia. Prendo le cipolline, le dispongo in vaso (crude!), le
ricopro di aceto, lascio macerare per almeno due settimane.

Non riesco a ricostruire il punto di cesura. Fino a un certo
punto della mia vita mio padre è un'immagine distante e se-
vera ma certa, affettuosa, calda. Ad esempio nel periodo dei
campeggi (tende militari, la guerra ancora vicina, dalla lampa-
da a petrolio alle ghirbe tutto aveva il marchio di un qualche
esercito), in quel periodo eravamo ancora insieme, gli regalavo
borracce piene di mirtilli, ci chiamavamo da un bosco all'altro
con un nostro famigliare "richiamo della foresta".
   Forse quando cambiammo casa. Dal mio orizzonte
scomparvero zia Ermelinda e il pianoforte – un sollievo.
Scomparve anche altro: le compagne di scuola, i mandarini
e le noci del giardino, le grandi feste di Capodanno all'in-
segna dell'internazionalismo. Il cortile di viale XXI Aprile (esplorazione delle cantine, la fontana con i pesci rossi,
l'immenso glicine che valeva un fortino) fu sostituito da un
grande giardino sconfinante nella campagna.
   Mi fu chiaro che quel territorio rigoglioso ed esigente
non mi apparteneva.
   Lettrice assidua di *Piccoli uomini* e *Il poema pedagogi-
co* mi ero spesso costruita orticelli senza seguito, mulini a
vento e canaletti d'irrigazione, un modo come un altro per
giocare con l'acqua; fantasie di sparizione e onnipotenza
convivevano nella fascinazione esercitata su di me dalle tec-
niche di sopravvivenza, *L'isola misteriosa* lo sapevo quasi a
memoria.
   Tutti dicevano che oramai ero grande, nella nuova casa mio padre mi assegnò una quindicina di metri quadri

accanto alla rete di confine, mi comprò zappa e vanga, mi tenne un breve corso di agronomia: mi chiedeva di agire con la sua stessa scientificità, quella che applicava al lavoro politico, al lavoro culturale, forse anche agli affetti (In Francia, durante la guerra, la laurea in agraria e le braccia gli erano servite a creare una fattoria modello, tutti intellettuali e le migliori primizie della zona, di giorno piantare cavoli e patate e la sera progettare il Patto d'unità d'azione.

Da un viaggio in Giappone tornò carico di idee e libri: fece imparare l'ikebana a mia madre, dotò il giardino di rocce, dislivelli, una pozza d'acqua detta il laghetto in cui d'estate rane e zanzare lottavano rumorosamente).

Il mio orto non fu scientifico: dalie e pomodori, melanzane e feijoa, campanelle fagioli e peperoni. Un contadino mi regalava le piantine, a volte le sarchiavo, Plinio mi era più congeniale di Columella. Mio padre veniva ogni tanto a dare un'occhiata, come prima col pianoforte: inarcava le sopracciglia, pronosticava per le mie piantagioni un triste futuro se non avessi seguito i suoi consigli.

Non li seguii, ortaggi e fiori crebbero rigogliosi: con le figlie del contadino mangiammo alcuni peperoni arrostiti sulla brace, il resto lo vendetti a mia madre.

I migliori anni della sua vita: padrona di una figlia e di una casa finalmente sue, senza Rebecche dietro ogni porta, mia madre era fiorente e allegra, pronta a occupare gli spazi che mio padre avrebbe via via interdetto al mondo. La nuova casa, grande e su due piani, sanciva le solitudini di ciascuno: le distanze dalla città imponevano a tutti lunghe permanenze all'esterno. Il disorientamento fu solo iniziale, la solitudine divenne anche la mia dimensione.

Il campicello che mio padre mi aveva affidato lo abbandonai presto. Mi impadronii di un ex porcile che diventò "la capanna": costruii un camino, misi sedie, una rete coperta da un patch-work. Lì ricevevo i compagni di ginnasio, vi consumai le prime, contenute esperienze erotiche. Piantai dalie e fagioli nelle mangiatoie ormai interrate, cuocevo peperoni nel camino, la mia prima casa.

Le occasioni in cui venivo chiamata a un rapporto più stretto con la famiglia cominciarono a essermi di peso: le gite, quando al ristorante mio padre insisteva a impormi cibi a suo parere sopraffini (il caciucco, la selvaggina); Stefania, la sorella minore da badare, che aveva tutto ciò che a me era mancato; i regali di Natale; i pasti. Gli eventi sociali – incontri con politici e uomini di cultura – erano scomparsi, trasferiti all'esterno o cancellati, unici visitatori erano ormai gli amici di Giulia, i miei compagni di scuola.

In giardino, alla fine dell'estate, mia madre si faceva tramite delle uniche relazioni possibili: la passione dei barattoli mi calamitava accanto a lei, collaboravo ai grandi vasi di frutta sciroppata, di pomodori, di melanzane e peperoni sott'olio, di olive. Li allineavo nel sottoscala adibito a dispensa, mio padre li ispezionava compiaciuto poi tornava a chiudersi nel suo studio: aveva a suo modo realizzato il sogno della "casetta di campagna".

POMODORI

pomodori San Marzano ben sodi
sale

Taglio i pomodori a grossi pezzi, li condisco con un po' di sale, li lascio scolare per un'ora nello scolapasta. Li passo poi nel tritaverdure a buchi grandi, in modo che anche le bucce vadano insieme alla polpa. Sistemo il passato in vasi o bottiglie a chiusura ermetica, che avvolgo in carta di giornale (non devono toccarsi fra di loro) e metto a cuocere in acqua fredda. Porto a ebollizione, dopo venti minuti spengo il fornello, e lascio i contenitori nell'acqua finché questa non è tornata fredda.

MELANZANE O PEPERONI SOTT'OLIO

melanzane nere o peperoni gialli e rossi
sale grosso
aceto
olio di semi, prezzemolo, aglio

Taglio le melanzane (o i peperoni) in strisce sottili – senza
sbucciarle – e le metto a macerare in una zuppiera, con
qualche manciata di sale. Dopo ventiquattr'ore tolgo il liquido che si è formato, copro di aceto, e lascio macerare
per altre ventiquattr'ore. Asciugo le striscioline dopo averle
strizzate, le dispongo in barattoli piccoli di vetro a chiusura
ermetica, distribuendo qua e là aglio e prezzemolo. Quando
il barattolo è pieno aggiungo olio a coprire.

CONSERVA DI FRUTTA

Lavo accuratamente la frutta, la asciugo, tolgo torsoli, semi,
noccioli, parti rovinate (la frutta deve essere molto matura).
Dispongo la frutta a fette in strati alti tre dita, intervallati da
un dito di zucchero, concludo con uno strato di zucchero
più spesso degli altri. Copro la bocca del vaso (che deve essere pieno per non più di tre quarti) con una pezza di tela,
e lascio il vaso al sole per 40 giorni. Chiudo allora il vaso,
ermeticamente, e lo riapro non prima di tre o quattro mesi:
più passa il tempo, più la frutta fermenta.
Uso questa conserva come dessert, così com'è o con un
po' di panna montata, e sopratutto per preparare il dolce
di Natale.

Le prime vacanze vere da molti anni, certo da prima della
nascita di Tommaso, che ora ha cinque anni e mezzo. Al
ritorno stentiamo tutti e tre a riprendere il ritmo: i rumori
ci sono intollerabili, trasciniamo via giornate ancora oziose

e svagate, Tommaso dichiara fermamente di non voler tornare a scuola, Massimo non riesce a lavorare.

In una mattinata ancora estiva, sul tardi, tutti e tre al mercato con chili e chili di frutta e verdura. Dirigo gli acquisti con apparente sicurezza, tenendo a bada un sottile senso di colpa: cosa ne farò, poi...

Massimo con il grembiule di plastica, gli occhiali un po' scesi sul naso, gira il passaverdure e si schizza la barba di pomodoro: ma ride, ogni tanto giocare a famiglia può accadere anche a noi. Tommaso ci guarda perplesso e razzola, succhiando il suo spicchio di limone.

All'una si mangia, poco dopo le tre tutto è già sistemato: in due enormi pentoloni bollono i barattoli dei pomodori (certo non necessari, probabilmente al supermercato costano meno, mi adduco la ragione di un sugo speciale per Tommaso e i suoi compagni di scuola); le zuppiere di melanzane e peperoni sono abbastanza un impiccio, le avrò fra i piedi per due giorni ma dico che faranno comodo, quest'inverno, in qualcuna delle tante cene un po' miserelle; in terrazza, al sole, la frutta troneggia in un grande vaso che mia madre chiama *albanella*.

Il ripiano della cucina traballa sotto il peso dei barattoli: i colori che hanno, le irregolarità e imprecisioni che li fanno miei.

Sono al sicuro, ancora per un inverno.

CARNESECCA

"coda di pezza" di manzo o vitellone
sale grosso e fino
pepe

Taglio la carne in pezzi lunghi una decina di centimetri, lasciando l'eventuale grasso e anzi badando che ne vada un po' su ogni pezzo. La dispongo quindi in una zuppiera, con molto sale grosso e fino sopra e sotto: il sale serve ad assorbire il sangue e asciugare la carne. Dopo ventiquattr'ore tolgo la carne dal sale, lasciandone peraltro una crosticina, e strofino tutti i lati con il pepe. In ogni pezzo pratico poi un foro, attraverso il quale faccio passare uno spago, che servirà ad appendere la carne in un luogo fresco e ventilato. Elemento fondamentale (e il più difficile): perché la carnesecca riesca bene è necessario che almeno i primi tre o quattro giorni siano di tramontana (naturalmente, questa carne può essere preparata soltanto nei periodi più freddi dell'inverno). Si può cominciare a mangiare la carne dopo una settimana, con qualche giorno in più sarà più asciutta e si taglierà meglio.

La carnesecca di nonna Alfonsa era come il vov per zia Ermelinda: il suo pezzo di bravura.

Nella stanza della domestica c'era un armadio a muro ricavato dalla chiusura di una porta-finestra. La parte superiore era murata e veniva usata come dispensa; quella inferiore era chiusa sul fronte da uno sportello, e dietro da una grata che lasciava circolare l'aria. I fili stesi all'interno erano adibiti alla carnesecca: avvolti in garze annerite dal pepe, mi è sempre sembrato che i pezzi di carne stillassero continuamente sangue, avevano qualcosa di macabro che inevitabilmente si riverberava su nonna Alfonsa, sempre lì a controllare che la tramontana non li asciugasse troppo, o che lo scirocco non li facesse scurire e infrollire.

Mio padre amava talmente quelle fettine rosse e irregolari che non insisté mai molto perché ne mangiassi anch'io. Forse per questo ho faticato meno a riappropriarmene. Ma sono state necessarie intermediazioni, la morte di mio padre e la nascita di Tommaso così strette tra loro, perché questo cibo kosher entrasse a pieno titolo nella mia casalinghitudine, nel desiderio nostalgico e creativo di un mondo in cui, come diceva zia Ermelinda, "ogni cosa ha il suo posto, e ogni posto la sua cosa".

SUGO PRIMAVERA

8 pomodori San Marzano
1 spicchio d'aglio
6 foglie di basilico
olio, sale

Questo sugo è completamente crudo, dunque non può essere conservato se non nel freezer: ma è così comodo, due minuti nel frullatore e poi giù sulla pasta, a rifare estate nel cuore più freddo dell'inverno.

ACETO

Ho un grande bottiglione a chiusura non ermetica nel quale misi, all'inizio, vino di qualità e odori vari: dal prezzemolo ai chiodi di garofano, dal cumino all'aglio al rosmarino, tutto in quantità minime, insieme a pochissimo aceto industriale. Di tanto in tanto aggiungo avanzi di vino (bianco o rosso non importa) e quantità infinitesimali di erbe aromatiche.

Fra il '76 e il '77 Massimo pensava a un documentario su Matteo Salvatore, in carcere a San Marino per omicidio. Lesse tutto quello che riuscì a trovare, risentì tutti i suoi dischi, si fece raccontare da me ma non gli bastava, aveva bisogno di parlare con qualcuno che lo conoscesse bene: gli proposi di incontrare Giovanna.

Dovetti insistere molto: la sua musica gli piaceva ma lei la trovava dura, scostante, a volte intellettualistica; forse era anche infastidito da quanto sempre la erigevo a monumento, anche di un mio passato che Massimo non aveva condiviso e non amava.

Alla fine andammo: abitava fuori città, vicino alla casa l'orto e i campi.

Massimo seduto in punta di sedia, svogliato e timido; io avevo i miei imbarazzi.

Parlammo di cinema e di noi, delle sue preoccupazioni per il nuovo disco e di politica. Si fece buio, ci invitò a cena.

Massimo completamente conquistato da questa donna dolce e feroce, che mi commuove per intelligenza (Mi rispuntò anche una spina di gelosia; come dimenticare gli incubi reiterati in cui Giovanna mi redarguiva: «Zitta tu, che sei stonata»?).

L'insalata di campagna era piena di erbe aromatiche, unificate da un aceto straordinario. Un aceto cólto, ne aveva avuto la *madre* da certi contadini piemontesi quando lavorava sulla zona con i ricercatori del Nuovo Canzoniere.

Era per me troppo "Madre" e "Creatora" per avere il coraggio di chiedergliene un po': ma, più o meno, sono riuscita a riprodurlo.

Ora capita, a volte, che offra a qualcuno di portarsi via un po' del mio aceto: ma dev'essere qualcuno di molto fidato, perché l'aceto mi rappresenta così bene da rasentare la sconvenienza.

VISCIOLE

1 chilo di visciole
1 chilo di zucchero

Lavo le visciole, tolgo il picciolo, le lascio asciugare bene. Le dispongo quindi in un vaso di vetro, alternando strato di visciole a strato di zucchero.

Chiudo la bocca del vaso legandoci un pezzo di tela, e lo espongo al sole per quaranta giorni. Poi lo chiudo ermeticamente e lo ripongo, per non meno di tre mesi. Destinazione privilegiata: le crêpes.

A zia Ermelinda la cucina, più spaziosa della nostra e meglio attrezzata, serviva solo per il caffè del mattino che si preparava con la caffettiera napoletana, attenta al minimo schizzo sullo smalto candido dei fornelli. Le mattonelle quadrate erano sempre linde e asettiche, il solo odore che vi aleggiasse quello della pomice.

Tranne che quando preparavamo gli gnocchi di semolino delle grandi occasioni, e per l'epopea del vov: perché allora tutti gli spazi servivano, con la processione delle bottiglie impagliate da lavare, l'enorme zuppiera bianca, i mestoli dalle forme particolari, il setaccio. La laboriosa operazione durava più giorni, e alla fine le bottiglie piene venivano allineate nella credenza del corridoio in bell'ordine, con la loro domestica imponenza, accanto ai vasi di visciole.

La credenza era nera e lucida, impregnata di molti aromi.

Borbottando sull'inefficienza delle domestiche moderne zia Ermelinda rassettava la cucina, io pulivo con il dito i rimasugli nella zuppiera bianca.

La ricetta del vov è andata perduta, e d'altronde dubito che sarei disposta a ripercorrere, da sola, i laboriosi tour de force di zia Ermelinda. Ma l'odore di quell'armadio è tornato nel mio scaffale, e mi riscalda.

I profumi, i colori. Le manie. Le piccole fonti di calore mi sono indispensabili, tutte, come le grandi: perché neanche sommandole insieme riesco più a convincermi che la vita sia quel sogno che avevo sognato.

Chissà: forse anche mio padre al Sol dell'Avvenire alla fine ci credeva meno, o in modo diverso, certo molte maglie della sua rete si erano strappate, io fra le tante. Le mie improvvisazioni la mia fatica a vivere e la sua scientificità, il suo suicidarsi di silenzio, una guerra senza quartiere fino all'ultimo.

Lui non ha vinto; io, mi limito a vivere.

ELIXIR DI LATTE

1 litro di latte
1 litro di alcool per liquori
1 chilo di zucchero
3 bustine di vaniglina
1 limone

Taglio il limone a pezzettini (tutto: polpa e scorza) e lo metto in un bottiglione insieme a tutti gli altri ingredienti: lo zucchero è meglio scioglierlo prima in un po' di latte caldo. Chiudo ermeticamente e lascio lì per due settimane, durante le quali mi limito a scuoterlo due o tre volte al giorno. Trascorso il tempo prendo una pentola o una zuppiera, vi colloco sopra uno scolapasta, e su questo un tovagliolo a trama sottile: verso sopra il composto della bottiglia e vado via, perché per filtrarlo ci vuole un bel po' di tempo. Nella pentola mi resta il liquore, che naturalmente va imbottigliato e deve invecchiare. Sul tovagliolo rimane una crema densa, una specie di yogurth profumato e molto alcolico, che sistemo in vasetti ed è da mangiarsi con il cucchiaino.

LIQUORE DI CEDRINA

100 foglie di cedrina colte entro il mese di giugno
500 grammi di alcool per liquori
500 grammi di zucchero
5 chiodi di garofano

qualche pezzetto di cannella
1 litro d'acqua

Metto cannella, chiodi di garofano e foglie di cedrina in infusione nell'alcool per quaranta giorni, trascorsi i quali preparo uno sciroppo sciogliendo lo zucchero nell'acqua calda, lascio freddare, unisco l'infuso filtrato e imbottiglio.

AMARO

1 pugno di fiori e radici di genziana
250 grammi di alcool
500 grammi di zucchero
la scorza di 1 limone
1 bustina di vaniglina
1 litro d'acqua

Faccio caramellare lo zucchero, che poi sciolgo con l'acqua. Unisco la genziana e la scorza di limone, lascio bollire per una ventina di minuti. Tolgo dal fuoco, lascio freddare, filtro, aggiungo l'alcool e la vaniglina mescolando bene.

Quando mio padre morì un amico mi scrisse che dovevo accettare di non essere più figlia, tutte le recriminazioni e le rivendicazioni stop, potevo prendermela soltanto con me stessa.

Di fronte a me non c'era più l'Avversario, e non avevo più – anagraficamente – radici.

Allora ho pensato che potevo smettere di suicidarmi, potevo perfino permettermi di avere della felicità da regalare, di farmi radice: è nato Tommaso, la responsabilità di lui a volte la sento così schiacciante, ho bisogno di diluirla in altre ramificazioni, il mondo tento di tenerlo a bada con piccole invenzioni, strategie di sopravvivenza apparentemente disomogenee per legare a me persone e cose.

Cerco di radicarmi in me, dipendo puntigliosamente dall'esterno, da persone e cose che non riescono a garantirmi sicurezze. Così la casa – abitudine, solitudine, negritudine – si fa radice vistosa e assorbente: non posso lasciarla a se stessa, non reggo il disordine la polvere il vaso dei fiori vuoto. Allora la domestica due volte alla settimana: il grosso è risolto, lavori pesanti non ne faccio più; ma restano tantissimi piccoli gesti – vuotare i posacenere, sprimacciare i cuscini del divano, raccogliere i giochi di Tommaso, annaffiare le piante del terrazzo, sistemare i giornali, spegnere lo scaldabagno quando accendo la lavatrice altrimenti il contatore non regge, cucinare e ospitare, comprare il latte, pulire l'oliera almeno ogni tanto, il cambio di stagione con i vestiti da mettere via, dividere il bianco dal colore prima di mettere i panni in lavatrice, stendere il bucato e ritirarlo, smontare le tende lavarle e rimontarle, attaccare i bottoni, togliere la polvere dai quadri altrimenti è inutile tenerli appesi, comprare il concime per le piante, mettere l'antispifferi alle finestre, sostituire il rotolo finito di carta igienica con quello nuovo, pulire il filtro della lavastoviglie, comprare le pile di ricambio per la sveglia elettrica e per i giochi di Tommaso, togliere le incrostazioni di calcio dalla macchinetta del caffè e dal ferro da stiro, comprare la carta extra-strong e la puntina del giradischi, un detersivo per il cotone un altro per lana seta nylon, sale grosso e sale fino, affettare l'arrosto grattugiare il parmigiano: fare argine alle puzze, al degrado, alla frantumazione – e senza questi gesti non si sopravvive, io non sopravvivo.

Perché non sopporto fettina e insalata (che comunque bisognerebbe comprare quasi ogni giorno), perché è impossibile una vita solo funzionale, senza piccoli gesti di agio, senza un odore di cura, senza una qualche ricchezza.

Così le mie radici aeree affondano nei barattoli, nei liquori, nelle piante del terrazzo, nei maglioni e coperte con i quali vorrei irretire il mondo, nel freezer: perché nella mia vita costruita a tessere mal tagliate, nella mia vita a mosaico (come quella di tutti, e più delle donne) la casalinghitudine è *anche* un angolino caldo.

Un angolino da modificare ogni momento, se fosse fisso sarebbe morire, le ricette solo una base per costruire ogni volta sapori nuovi, combinazioni diverse.

Reinventare unico sconfinamento possibile, reinventare per non rimasticare, reinventare per non mangiarsi il cuore. Tutto è già stato detto, tutto è già stato scritto:

...Non si dimentichi, comunque, che alla fine del secolo XVIII l'evoluzione dei Napoletani da "mangiafoglia" a "mangiamaccheroni" – se può ritenersi sostanzialmente conclusa – non risulta però, ancora, coronata (diciamo così) da quello che a noi, oggi, appare come elemento essenziale e integrante di tale evoluzione. I maccheroni di cui il Goethe ci parla nel suo *Viaggio in Italia*, in effetti – e ancora quelli, probabilmente, contro i quali esercitava la sua satira il Leopardi, quando, nei suoi *Nuovi credenti*, cantava

...s'arma Napoli a gara alla difesa
de' maccheroni suoi; ch'a' maccheroni
anteposto il morir, troppo le pesa.
E comprender non sa, quando son buoni,
come per virtù lor non sien felici
borghi, terre, provincie e nazioni;

– quei maccheroni, dicevamo, erano, ancora nei primi decenni dell'Ottocento, non lo si dimentichi, maccheroni conditi col solo formaggio grattugiato, o al più con un sugo di carne; mentre solo a partire dagli anni intorno al 1830, a quanto pare, il condimento col pomodoro (o poi con la conserva di pomodoro) – che oggi a noi appare così caratteristico e coessenziale, per i maccheroni alla napoletana – comincerà a generalizzarsi tra la popolazione partenopea. Ma questa è un'altra storia, che potrà anche valer la pena di approfondire in altra sede, con tutto il rigore filologico e storiografico ch'essa merita. Essa travalica, tuttavia, il quadro dell'indagine che ci siamo prefissi, sull'evoluzione dei Napoletani da "mangiafoglia" a "mangiamaccheroni": sicché, provvisoriamente, a chi ci domandasse perché i Napoletani si son messi a condire col pomodoro le loro paste, risponderemmo – per una volta – che "lo spirito soffia dove vuole".

(EMILIO SERENI, *Note di storia dell'alimentazione nel Mezzogiorno: i Napoletani da "mangiafoglia" a "mangiamaccheroni"*)

Indice

Stampato presso Giunti Industrie Grafiche S.p.A.
Stabilimento di Prato